KB122595

나는
작은 회사
사장입니다

모험하는 인간

강덕호 지음

나는
작은 회사
사장입니다

mons

프롤로그

삶에 관한 무수한 이야기의 곁가지를 치고 나면 먹고사는 문제가 남는다. 앙상하지만 핏빛처럼 선명하다. 이 책은 먹고사는 것에 대한 이야기이다. 정확하게는 '사장으로 먹고살기'에 관한 내용이다.

먹고사는 일이 중요하게 느껴지는 이유는 두려움 때문이다. 사람들은 오늘의 풍요를 즐기기보다는 닥치게 될 내일의 결핍을 무서워한다. 그럼에도 먹고살기 위한 방편으로 사업을 선택한다는 것은 한 개인이 일생 중 가장 큰 용기를 낸 사건일 수 있다. 그 용기의 기저에는 남들보다 돈을 더 벌고 싶다는 강한 욕망이 있다. 가슴 양쪽 두 개의 허파처럼 사장의 부푼 가슴에는 욕망과 두려움이 가득 차 있다. 이 두 가지가 조절된, 균형 있는 삶을 살기는 쉽지 않다. 이는 경험을 통해서 자연스럽게 배울 수 있는 것은 아니다. 그래서 고민했고, 그 결과물들을 여기에 담았다.

나는 돈을 빨리 벌고 싶어 32세에 성숙한 경험 없이 사업을 시작했다. 밑천 없이 할 수 있는 섬유 무역업이었다. 한국은 물론이고 중국 칭다오에서 상하이로 그리고 광둥성에까지 생산 공장을 찾아 돌아다녔다. 그다음에는 거의 전 세계에 팔러 다녔다. 사업을 한 지 20년, 그 삶은 그렇게 내세울 것도, 심지어 도덕적이라고 할 수도 없다. 하지만 장사치의 삶에 기준점을 두자면 비교적 충실했다. 돈 되는 것에는 최선을 다했다.

이 책은 나와 같은 작은 회사 사장들을 위한 것이다. 대기업이나 중견 상장 회사의 사장님과는 관련이 없다. 직원 한두 명에서 30명 내외의 작은 회사를 운영하는 사장님, 여러 형태의 자영업자 그리고 자기 사업을 꿈꾸는 직장인을 위한 책이다.

작은 회사가 대기업과 같은 사업 방침, 철학을 가지고 있다면 그 것도 곤란하다. 작은 회사 사장 대부분은 이전 직장에서 배운 기술 하나, 아니면 한두 바이어와의 관계 때문에 사업을 시작했고, 운영하기 마련이다.

우리가 흔히 알고 있는 경영 상식들은 대기업에 관련된 것이다. 그나마도 그런 상식 중에 많은 것들은 틀린 것으로 판정 받았다. 이제는 작은 회사에 적용할 만한 사업 노하우가 필요하다고 생각했다. 이것이 나의 또 다른 고민거리였고, 스스로 찾아낸 답들을 책으로 정리하게 되었다.

삶의 파고에 밀려 '어쩔 수 없이' 사장이 된 이들이 세상으로 쏟아져 나오고 있다. 우리는 세상의 주인이 아니다. 세상은 작은 회사에 우호적이지 않다. 그럼에도 살길은 있다. 세상을 뒤집는 파괴적인 힘은 없지만, 세상 변화 흐름을 주의 깊게 살피고 적응해 나갈 유연함이 우리에게 있다.

이 책에 담아낸 고민의 흔적들이 정답은 아닐 수 있어도, 최소한 오답은 아니라고 생각한다. 저자로서 욕심을 낸다면 "아, 그런 거였어" 하는 짧은 신음이 책을 읽는 독자의 입에서 새어 나오길 바란다. 이는 지난 오랜 세월 동안 내가 해온 고민들이 쓸모 있었던 것임을 증거하는 것으로, 같은 길을 가는 동지들에게 받는 큰 격려가 될 것 같다.

이 책은 5개의 장으로 되어 있다.

1장. 사장의 첫걸음

직장을 관두고 홀로 세상에 나오기란 쉽지 않다. 시작을 주저하고 있는 분, 막상 사업을 시작했는데 적응도 어렵고, 가야 할 방향이 헷갈리는 분들께 필요한 내용이다.

2장. 돈을 물로 보라

사업의 목적처럼 보이는 돈에 관련된 것이다. 최영 장군이 황금을 돌처럼 봤다면, 사업가는 돈을 물처럼 봐야 한다. 돈에 대한 생각이 직장인과는 달라야 한다. 있는 척, 폼을 잡으라는 것이 아니다. '사장의 셈법'에 익숙해져야 궁극적으로 사업을 통해 돈을 벌 수 있다.

3장. 작은 회사 '조직론'

직원들과 관련된 이야기로, 술자리에서 채집된 내용들이 많다. 옛 선조들이 민가의 이야기를 모아서 기록했듯, 취기 속 넋두리들을 재해석했다. 어둠이 깊어지면 전쟁 같은 하루를 보낸 사장들은 삼삼오오 모여 쓰린 가슴 위로 차가운 소주를 붓는다. 한잔 한잔에 그날 묵은 이야기를 토해 낸다. 절대적으로 많은 경우가 직원들 문제였다. 직원들 간의 알력軋轢, 핵심 직원의 이직, 부정행위 등등 소소한 감정적인 말싸움부터 법정 싸움까지 다양했다. 직원과 조직을 어떻게 효율적으로 관리할지 고민한 내용을 정리하였다.

4장. 비즈니스로 풀어보는 세상

사업이 장사와 다른 특성을 설명하고, 사업가가 되기 위해 필요한 지식을 담아보았다. 또한 비즈니스 환경의 거시적 분석을 소개했다. 우리가 현재 하고 있는 사업의 기원을 한국, 중국, 일본의 현대사 관점에서 살펴보았다. 30여 개국을 돌아다니며 얻어들은 이야기와 장사치의 직관으로 해석한 것이다. 우리의 사업이란 것은 우리가 선택한 것이 아니라, 세상이 우리로 하여금 선택하게 한 것들이 많다. 세상 변화를 설명해 낼 자신만의 세계관이 필요하다.

5장. 사업과 인생, 기나긴 여정

자고 일어나니 갑자기 유명해진 사람은 있어도, 갑자기 성공한 사장은 매우 드물다. 꾸역꾸역 밥을 넘기듯, 사장은 인내의 하루를 보낼 때가 많다. 열정은 사라지고, 그 공간을 권태가 채운다. 또한 주변으로부터 피드백을 받지 못해, 사장들은 점점 자기 생각에만 파묻히기 쉽다.

　사장이 된 후 10년 정도 되었다면 몰라서 못 하는 것은 없다. 귀찮고 힘들어서 안 한다. 지친 사장님들이 이제 남은 길을 어떻게 가야 할지 생각해 보았다. 우리는 그 옛날 아테네 병사처럼 42.195킬로미터를 쉬지 않고 뛰어갈 필요는 없고 또 그렇게 할 수도 없다. 가끔은 환희에 들떠 뛰어가겠지만, 많은 경우에는 패배의 탄식으로 처진 걸음을 할 것이다. 사장의 삶에 생길 수 있는 다양한 경우의 수를 살펴보고, 비즈니스 하는 나와 인간에 대한 분석적 이해를 정리해 보았다. 이를 통해 여유 있는 여정을 준비했으면 좋겠다.

이 책을 쓰는 동안 사업을 하면서 만났고, 부딪혔던 많은 이들이 떠올랐다. 도움이 되었든, 손실을 주었든 고맙지 않은 사람이 없다. 개인적으로는 사장이 사람들과 더불어 살아가는 의미를 돌이켜보는 계기가 되었다.

젊은 시절, 상하이에서 인문학을 논하며 비즈니스와 인생을 알려주신, 나의 멘토 이희룡 사장님과 친구 조정호에게 이 책을 바친다. 극단으로 치닫는 나의 성향에 균형을 잡아주고, 따뜻한 조언을 해준 나의 아내 정진아에게 고마움을 표한다.

투박했던 원고의 가능성을 보고 나의 이야기를 책으로 세상에 선보이게 해준 몽스북 안지선 대표께 진심으로 감사의 인사를 전한다.

2024년 2월 강덕호

차례

3장 작은 회사 '조직론'   **81**

1장   사장의 첫걸음

사장, 해볼 만하다

그럼에도 현실에선 누구도 당신이 사장이 되는 것을 찬성하지 않는다. 이 책을 읽고 있는 사람이 이미 독립한 사장이라면 돌이켜 생각해 보라. 사업 시작 당시, 누구 하나 찬성한 이가 있는가? 가까운 사이일수록 더 말린다. 내 아내, 내 남편의 반대가 더 심하다. 부모 형제는 말할 것도 없다. 당사자와 경제적인 친밀도가 강할수록 반대와 저항이 심하다. 왜냐하면 나의 독립이 본인의 삶에 영향을 줄 수 있기 때문이다.

경제적 연결 고리가 별로 없는 선후배, 친구들도 대부분 반대한다. 혹시나 있을 당신의 큰 성공이 그렇게 달갑지 않고, 또 실패한다면 그 사업을 말리고 조언했다는 것으로 면죄부를 받을 수 있어서다.

결론적으로, 당신이 주위에서 얻는 정보들은 말하는 사람과의 이해관계가 얽혀 있다. 복잡한 거미줄을 걷어내고 행간을 읽어낼 능력과 여유가 있다면 좋겠지만 초보 사장에게서 그런 내공을 기대하기는 어렵다.

스스로 결정을 내려야 할 것들이 있다면 서점으로 달려가라. 조용히 자신과 관련된 내용의 경영학, 인문학은 물론이고 심지어 자연사 관련 책까지 닥치는 대로 살펴라. 그러면 긍정적 기운을 느낄 것이다. 세상은 그런 긍정적인 사람들로 인해 발전해 왔고, 그들의 역사이기 때문이다. 그 역사가 기록된 것이 바로 당신이 들고 있는 책들이다.

책이 익숙하지 않다면 영화를 보는 것도 좋다. 〈쇼생크 탈출〉을 추천한다. 당신이 젊다면 반드시 보라고 하고 싶다. 왜냐하면 사업가에게 젊다는 것이 꼭 축복만은 아니기 때문이다. 시간은 간다. 어쨌든 간다. 뭐라도 해야 한다. 〈쇼생크 탈출〉의 주인공 앤디는 감옥에서 탈출하기 위해 숟가락 크기의 쇠붙이로 벽이라도 긁었다.

우리 차례다. 사장이 되면서 누구든 열아홉 살의 대학 신입생처럼 다시 무한 가능성을 가지게 된다. 지금까지 누군가에 의해 연봉으로 측정되고 계량된 당신의 가치를 무한으로 확장 가능한 토대를 만들 수 있다.

사장을 해보면 오히려 스트레스를 덜 받는다. 직장인들은 어떤 문제가 생기면 그 문제의 실질적인 해결보다 직속 상사, 이사에게 어떻게 보고할지가 훨씬 더 큰일이다. 큰 펀치보다 연속된 작은 잽이 더 아프고 괴롭다. 자기 사업을 해보면 결재 도장을 기다리는 답답함 대신 생산적 긴장감이 도는 아침을 맞을 수 있다.

빌 게이츠나 스티브 잡스처럼 차고에서 나만의 사업을 하고 싶어서 학창 시절부터 준비한 이들도 있을 거고, 세상의 물결에 밀리고 밀려 사장이 된 이들도 많을 것이다. 사장으로 가는 길은 얼굴만큼 다양하다. 각자 최선의 길로 가면 된다. 성공과 실패를 떠나, 직장이란 탯줄을 끊고 스스로 당당하게 자본주의 허파 호흡을 시작한 당신의 선택은 존중할 만하다.

사장, 해볼 만하다.

대기업 회장님 자서전 읽지 말라, 도움 안 된다

『주역』에는 큰 부자를 대축大畜, 작은 부자를 소축小畜으로 설명한다. 대축은 그야말로 엄청난 일을 해낸 사업가를 말한다. 현대를만든 정주영 회장이 대표적일 것이다. 굳이 이 정도까지는 아니더라도 당대에 재벌급 부를 완성한 분들을 대부분 대축이라고 보면된다. 미래에셋의 박현주 회장, 네이버나 카카오 등 신흥 IT 기업의 회장들도 모두 대축이다. 소축은 작은 것을 기르는 것으로 원만하게 가정을 이끌고 이를 기반으로 작은 성공을 이루는 것을 말한다.*

소축을 추구하는 사람들이 가장 중요시하는 것은 가정이다. 이에 비해 대축은 가정 같은 것은 안중에 없다. 『주역』에서 설명하는대축의 두 가지 특징을 살펴보자(같은 책 P. 305).

* 출처: 『새로 풀어 다시 읽는 주역』, 서대원 역해, 이른아침, P. 156

첫째, 불가식不家食. 가족을 먹이지 못한다는 뜻이다. 망한 사장들과 큰 성공을 한 사장들, 둘 다 이혼한 사례가 많다. 망한 사장들이야 충분히 이혼 사유를 알겠지만 큰 성공을 한 거부들의 이혼 사유는 선뜻 이해가 안 될 것이다.

이야기를 들어보면, 이들은 집에 안 들어간다. 대축에게는 낮과 밤이 따로 없다. 일과 관련된 사람과 저녁을 먹고 밤을 보내는 것이 집에 가서 쉬는 것보다 더 익숙한 사람들이다. 몇 년 전 이혼한 빌 게이츠도 일중독이 이혼 사유였지 않은가. 뉴스에서는 그의 변태 성욕자 친구 때문이라고도 하는데, 이것은 그 기자가 일중독에 걸린 사람을 경험해 보지 못해서 그럴 수 있다.

대축의 특징은 올인 베팅을 잘 한다. 가족들 먹고살 정도는 남겨두고 챙기는 것 자체를 못 한다. 신경도 안 쓴다. 그러니 전 재산뿐만 아니라 가족들이 사는 집까지 담보로 해서 자신의 사업에 투자한다. 웬만한 아내는 그 옆에서 맨 정신으로는 못 버틴다. 당대에 대기업 수준으로 끌어올린 회장들은 거의 반 미친 사람들이라고 할 수 있다. 행운의 신이 같이하면 대축의 반열에, 그렇지 못하면 돈키호테 같은 놈이라고 손가락질을 당한다. 정말 백지 한 장 차이다. 그러니 같이 사는 가족들은 밥을 먹어도 잘 넘기지를 못한다.

둘째, 섭대천涉大川의 모험이다. 글자 그대로 해석하면 '큰 강을 건너다'이나 남들이 감히 시도도 하지 못하는 위험천만한 일을 선뜻 감행한다는 의미로 쓰인다. 정주영 회장의 조선소 사업이 대표적일 것이다. 그리고 현재 대한민국을 지탱하는 삼성의 반도체 사업도 이병철 회장이 펼친 섭대천의 모험이 없었다면 시작할 수 없는 일이다.

인도네시아에서 성공한 한인 업체 중 대한글로벌DAEHAN GLOBAL의 이부형 회장도 비록 삼성, 현대와 규모의 차이는 있어도, 주변에서 보기 힘든 섭대천의 모험을 잘 보여주는 사례이다. 2022년 말 윤석열 대통령의 인도네시아 방문 당시, 인도네시아 한인 기업 대표로 나온 이부형 회장은 인도네시아 대통령과 함께 한국 대통령을 영접한 바 있다.

대한글로벌이란 회사는 사실 이 회장이 만든 것이 아니라, SK가 인도네시아 현지에 1990년 중반에 투자해서 만든 회사이다. 당시 많은 대기업처럼 SK그룹 역시 SK상사(현재 SK네트웍스)와 SK케미칼(현재 휴비스)의 섬유 사업을 통해서 상당히 많은 매출을 올렸다. SK상사의 봉제 산업은 그룹의 주요 사업 중 하나였다.

SK는 자체 생산 능력을 높이기 위해 봉제 공장을 추가로 인도네시아에 투자해서 만들었다. 그러다 1997년 한국은 IMF 금융 위기를 맞았다. 이에 SK는 방만하게 운영하던 해외 사업을 정리한다. 이때 대한글로벌이란 공장도 처분된다. 그 시국에 인수하려는 이가 없었다. 청산 직전까지 간 그 회사를 SK 하청 공장의 직원이던 이부형 씨가 자신의 전 재산을 걸고 인수한 것이다.

대기업들 중 유독 명문대 출신이 많은 곳이 SK이다. 화려한 스펙을 가진 SK의 직원들도 모두 기회인 것은 알았다. 하지만 누구도 선뜻 나서지 못했다. 대한민국이 거덜 나는 판국에, 작은 돌발 변수라도 생긴다면 그 위험은 개인이 감당할 수준이 아니기 때문이다. SK의 똑똑한 직원들의 셈법이 잘못된 것이 아니다. 당시로서는 이 회장의 셈법이 이상한 것이었다. 대한글로벌은 그 뒤 급성장을 해서 베트남에도 진출한다. 인도네시아에서만 1만 5,000명을 고용한 거대 섬유 기업이 되었다.

지인의 이야기만 듣고, 아니면 뉴스를 보거나 논문 하나 읽고 전 재산을 투자해서 우여곡절 끝에 큰 성공을 거둔 이들은 있다. 시작부터 절체절명의 위기와 고비를 거쳐서 자신도 예상하지 못한 성과를 만든 것이다. 이런 기사회생을 거치면서, 대축들은 스스로 자신의 성공을 설명해 내지 못한다. 그래서 사업은 '운칠기삼'도 아니고 운이 99%란 말을 곧잘 한다.

그렇다고 소축이 별것 아니라는 것은 아니다. 소축을 이루는 것도 매우 어렵다. 결혼해서 가족들 건사하고 남들에게 아쉬운 소리

안 하고 평생을 사는 것, 절대 쉬운 일이 아니다. 이것이라도 하려고 다들 힘들게 하루하루를 살아간다.

주변의 작은 회사 사장님들, 자영업자들 대부분이 소축이다. 대기업 회장들의 성공 이야기는 막장 드라마보다 더 비현실적이다. 도움 안 된다. 소축을 먼저 이루고 대축을 나중에 이루는 그런 계층적인 부의 조직도는 없다. 대축을 이루는 돈키호테형 인간들은 따로 있다. 우리 같은 소축 지망생들은 대축들이 하는 무모한 짓을 어설프게 흉내 내지 않는 게 좋다.

이 대목에서 억울하게 느끼는 분도 있을 것이다. 역발산의 기개로 칼을 뽑고 세상에 나왔는데, 기껏 토끼처럼 가족과 오손도손 살라는 말처럼 들릴 수 있다. 그런데 한국의 부자들은 당신이 생각하는 것처럼 돈이 많지 않다. 2021년 초 통계청 보고에 따르면, 대출 제외한 가구 순자산이 26억 원이면 상위 1%에 들어갈 수 있다. 73억 원이면 0.01%에 들어간다.*

마지막으로 부의 기준을 세워두는 게 좋다고 생각한다. 사업을 하면서 10억을 벌 수도, 100억을 벌 수도 있지만, 망할 수도 있다. 그래서 무리하지 않고 사업을 견고하게 끌고 가기 위해서는 스스

---

* 출처: 한국경제신문, 2021년 6월 20일 자.

로 부의 기준을 정할 필요가 있다.

의사이자 경제 전문가인 시골의사 박경철이 말한 부자관이 도움이 될 것 같다. 그에 따르면 부자란 절대 금액이 기준이 아니다. 스스로 돈을 더 필요로 하고 결핍감이 들면 은행에 잔고가 얼마가 있든 그는 부자가 아니다. 이에 비해 내가 가진 부를 더 늘리는 것보다 지키는 것이 우선인 사람들이 부자란 것이다.

준비된 사장이란 없다, 궁할 때 통한다

수렵 채집을 하던 인류가 왜 농경을 시작했을까? 지구 환경과 기후의 변화, 신석기 시대 도구의 발전, 인구 증가 등 다양한 가설이 있다. 수렵 채집 사회가 특정 시기에 우연히 잉여 수확량이 늘었고, 여유가 생긴 인류가 미래의 생존 대안으로 안정적인 농경을 선택했을 것으로 흔히 알고 있다. 하지만 많은 연구 결과는 우리의 직관적인 이해와는 다른 설명을 한다.

주류 가설 중 하나인 빈포드L. Bindford의 '인구압-주변 지구 가설'에 따르면, 수렵 채집 사회로는 도저히 생활이 안 되는 궁핍한 상태로 몰리면서 생존을 위해 불가피하게 농경을 시작했다는 것이다. 늘어난 인구가 하나의 압력으로 작용한다. 즉, 농경 사회는 문화 발달에 따른 자연적인 발달 단계가 아니라 그렇게 전환되지 않으면 안 되는 대외적인 강력한 요구에 인간이 대응한 것이다.

간단히 생각해 봐도, 농경 선택은 절박할 때 나올 수 있는 전략이다. 왜냐하면 농경은 적어도 반년 이상 노동을 투입해야 한다.

그나마도 그 결과물이 불확실한 고위험 생존 전략이다. 죽느냐 사느냐의 기로에서만 큰 위험을 택할 수 있다. 에덴 동산에서 아담은 아무리 심심해도 농사지을 생각은 절대 안 한다.

사회의 전환처럼, 개인도 여유 있게 변하지 않는다. 기존 보호막을 깨고 사장이 되는 시발점은 궁핍이다. 내적으로나 외적으로 모두 풍요롭다면 잘 다니던 직장을 관두고 나오기가 쉽지 않다. 궁핍의 사전적인 의미는 주로 물적으로 부족하고 결핍된 것이다. 하지만 우리를 궁핍하게 하는 것은 경제적인 요소만은 아니다. 직장 내혹은 거래처와 인간관계, 업무(일)에 대한 불만, 이런 모든 면의 갈등이 극해 달해 궁여지책으로 사장이 되는 경우가 많다. 궁여지책이란 마지막 히든카드를 받는 것이다. 마지막 카드까지 받았다면 자신의 패에 희망을 가지고 사업을 시작하는 게 유리하다. 가장 궁할 때 통하게 되어 있다. 여유 자금 더 준비한다며 시간을 낭비할 필요 없다. 돈이 좀 더 생겨도 상상했던 여유는 생기지 않는다. 돈이란 적으면 적은 대로, 많으면 많은 대로 항상 부족하기 마련이다.

그런데 사업을 준비하면서 희망과 꿈으로 설렌다면 다시 생각해 보라고 권유한다. 사업을 시작하면 많은 시간을 '내일이 없는 지루한 오늘'로 살게 될 것이다. 사장에게는 청소년처럼 희망과 꿈이 필요하지 않다. 희망과 꿈은 오히려 오늘을 가리는 장애물이 될 수도 있다.

또 항상 기회가 있다고 생각하고, 첫 사업을 연습 게임이라고 생각한다면 역시 사장 되는 것을 보류하는 게 좋다. 당연히 사업에는 연습 게임이 없다. 바로 진검 승부를 시작해야 한다. 흔히 젊을 때 독립하는 것이 좋다고 말한다. 실제로도 젊을 때 사업에 도전하기가 쉽다. 그들 중에는 번뜩이는 아이디어로 성공을 거두기도 하지만 대개는 젊은 사장들이 실패할 확률이 더 높다. 20대, 30대는 사업을 시작한 것 자체에 의미 부여를 잘 한다. 사업을 하다 망하면 다시 취직하면 된다고 생각한다. 이들의 실패 원인은 경험 부족이 아니라 바로 이런 태도의 문제이다. 퇴로가 먼저 확보된 이상, 사업은 유흥의 한 가지로 전락될 가능성이 높다.

젊을 때의 실패가 약이 될 수도 있다. 그러나 잃어버린 시간과 돈을 곧 회복할 것 같지만 쉽지 않다. 그리고 경험이라도 남았다고 자위하지만, 기억 속에서 지우고 싶은 실패 경험은 나중에 도움이 안 된다. 많은 경우, 실수와 실패를 통해 발전하기보다 오히려 비슷한 실수와 실패를 하기 일쑤다.

사업은 목적지를 가기 위해서 거쳐 가는 중간 지점이 아니라 막다른 골목이다. 한 인간이 일생 중 하는 경제 활동에 한해서는 최소한 그렇다. 스스로 삶을 코너로 몰 만큼 물질적·정신적으로 궁핍한지 확인해야 한다. 궁할 때 움츠리면 안 된다. 그때가 바로 세상에 나올 때다.

작은 회사 사장이라고 우습게 보지 말라

자유 의지를 가지고 자신의 삶을 뒤집어 엎을 결정을 한 적이 있는가? 미국 90세 노인들을 상대로 자신의 삶에서 가장 후회되는 것을 묻는 질문에 예상하지 못한 다수의 답변이 나와 이슈가 된 적이 있다. 많은 수의 노인이 모험 없이 너무 안전한 것을 추구하면서 살아온 것을 후회했다. 안전 추구는 인간의 본능이다. 그 본능에 비교적 충실하게 살아온 90세 노인들이 오히려 그것을 후회하고 있음은 시사하는 바 크다.

우리는 죽지 않는 한 어떤 이유도 없이 그냥 살아야 한다. 사르트르의 말처럼, 인간에게는 주어진 의미, 본질적인 이유가 없다. 그냥 존재하는 것이다. 피투被投적인 존재. 즉, 어떤 가치도 목적도 없이 그냥 세상에 던져진 존재이다. 요즘 누구도 핏대 세워 인간 본연의 의미와 본질에 관해 논쟁하려 하지 않는다. '나는 왜 존재하는가'라는 본질 탐구의 자세는 이제 진지한 블랙 코미디의 소재로만 사용된다.

모든 이는 자유롭다. 따라서 필연적으로 선택을 해야 한다. 하지만 선택은 어렵고 불안하다. 우연한 기회를 통해 얻은 습관에 최대한 의미 부여를 한다. 그러면 편안하다. 그곳에서 우리는 동일한 루틴을 준비한다. 자유는 이제 버겁다. 결코 자유가 우리를 편하게 하지도 않으며, 이로운 것이 아님을 우리는 알고 있다. 의심 없이 대세를 따르려 한다. 양 떼처럼 방향 지워진 자유가 편안하다. 수만 마리 양 떼 속에 있으면 늑대에게 한두 마리 잡혀 죽어도, 내가 죽을 확률은 수만분의 일임을 안도하면서 살아간다.

그런데 이런 세상에 굳이 치명적인 위험까지 무릅쓰고 사장이 되는 이들이 주변에 많다. 왜 사장이 되려고 할까? 돈을 많이 벌고 싶어서? 하지만 확률적으로 사장과 부자는 서로 연관성이 없다. 혹은 내 인생 마음대로 살고 싶어서? 글쎄, 사장 되면 막냇동생 뻘 되는 거래처 대리님에게 머리 숙이고, 그들의 지시를 기다려야 한다.

더 이상 취직이 안 되어 어쩔 수 없이 편의점 사장이 된 김 부장, 대기업에서 슈퍼 엘리트로 인정받고 미국 지사 등 요직에 있다가 퇴사 후 몇 번의 부침 끝에 개인 택시를 운전하는 김 차장, 한때 수백 명 직원을 고용한 중견 기업 사장이었지만 지금은 중국에서 이전 자신의 부하 직원이 운영하는 회사에서 일하는 박 이사, 너무 일찍 독립한다고 말렸지만 이전에 잘나가던 선배들의 술값을 내고 있는 김 대리. 어떻게 될지 아무도 모른다.

아스팔트 밑 흙을 찾듯이, 어지러울 정도로 다양한 사장들 바닥에 깔린 실존적 의미를 뒤집어 보자. 이를 위한 철학적 성찰이 필요하다. 존재existence란 원래 실존을 의미한다. 그런데 이 책에서는 현존as is과 실존as it should be으로 구분하고자 한다. 현존적인 삶. 복잡계이다. 우연이 우연을 상쇄하는 곳이다. 인간의 개입이 없으면 모든 것은 확률적으로 운동한다. 여기서 존재는 즉자적이다. 북한산의 큰 돌처럼 그냥 존재하는 것이다. 자신의 존재가 스스로 안에 있는 존재를 즉자적인 존재라고 한다. 자기 충족적인 존재를 말한다.

이에 반해 실존은 우연한 세상에 인위적인 개입과 노력이 들어간다. 이를 대자적인 존재라고 한다. 자신의 의미를 스스로 만들어가는 것이다. 스스로 충족되는 즉자에 대비해, 대자적인 존재는 항상 결핍되어 있다. 더욱이 자신의 존재를 외부의 관계에서 찾는다. 서로가 서로에게 가해자이면서 피해자가 된다. 타인은 지옥이 된다.*

* 출처: 사르트르의 단막극, 〈출구 없는 방no exit〉에 나오는 대사임.

어찌 보면 살아간다는 것은 필연적인 그 무엇에 역하는 행위이다. 그런 의미에서 삶은 운명의 반대말이고, 자유는 필연의 반대말이 되는 것이다. 탄생과 죽음은 길게 보면 자연스러운 과정 같지만, 그 살아감은 무던히도 부딪히고 깨진다. 연어가 강물을 거슬러 올라가는 것처럼, 우리는 지구 중력에 맞서 무겁게 한 발 한 발 옮겨 놓는다. 살아간다는 것은 거역할 수 없을 것 같은 큰 흐름에 거꾸로 부딪히는 것이다. 깨지고 피범벅이 될 때, 개개인의 삶은 선명해진다.

이제 뭘 해야 할까. 선택을 할 수 있는 자유를 실존 철학에서는 선고받았다고 표현한다. 그 수많은 선택 중 우리는 사장이 되기로 결심했고, 스스로 사장임을 선고했다. 이제 그 선택은 가장 가치 있는 것이 된다. 자본주의 사회에서 사장은 그 누구보다 실존적인 존재이다.

길거리에서 숱하게 만나는 비루한 모습의 아무개 사장들을 우습게 보지 말라. 흡연실에서 앙상한 담배 한 개비를 피우고 있는 옆 사무실 사장들, 그들은 사회의 자궁 속에서 앙가주망*을 외치는 지식인들보다 훨씬 더 실존적인 존재이다.

* 지식인의 사회 참여를 프랑스에서는 '앙가주망engagement'이라고 한다. 출처: 르 몽드 살림지식총서 中

사장의 삶은 월 단위가 아닌 연 단위

사장은 보호막을 걷어내고 세상과 맞짱 뜰 용기를 내어 사회로 나온 이들이다. 이런 용기는 사장이 되기 위해 필요한 덕목이다. 그런데 시작한 사업을 잘하려면 마초적 용기보다 자연의 작은 리듬도 느낄 정도로 민감해야 한다. 거창하게 말하면 우주의 리듬을 몸으로 받아들여야 한다. 사장은 월급으로 사는 존재가 아니다. 최소 일 년 단위의 변화를 느껴야 하고, 그 단위로 계획을 세워야 한다.

샐러리맨들은 구획된 사회적인 삶을 살아간다. 월month 단위로 움직이는 파동으로 살아간다. 카드 결제일도 월급날에 맞추어져 있고, 전기세, 애들 학원비 등도 대부분 월 기준이다. 12개월의 일 년을 보낸다. 이들에게 7월과 12월은 큰 차이가 없다. 그저 냉방비가 난방비로 항목이 변경되는 것뿐이다.

이에 비해 사장은 최소 일 년 주기, 지구 공전 리듬에 익숙해야 한다. 그것을 근거로 회사를 움직여야 한다. 비수기, 성수기에 대한 인력과 비용에 대한 계획을 우선 짜야 한다. 요즘은 수출 거래조차도 60일, 90일 후 결제가 많다. 이런 미수금에 대한 분기별 정리도 필요하다. 어떤 업종은 몇 달 수입으로 일 년을 버텨야 할 수도 있다. 봄에 작업한 것에 대한 대금을 겨울에 받아 살아가야 한다.

그래서 회사의 입출금 장부는 장단기 불일치로 항상 불안하다. 나갈 돈은 정한 날짜에 칼같이 나간다. 단 하루의 여유조차 주지 않는다. 하지만 들어오기로 한 돈은 거래처의 이런저런 사연으로 한 주, 한 달 늦어지기 십상이다. 월말 저녁이면 이전 직장이나 얌전히 다닐 걸 하는 후회가 밀려온다. 그 회사에 다녔다면 나왔을 월급이 흡사 잃어버린 돈처럼 머릿속에 맴돈다. 아쉬워하지 말라. 1~2년의 월말을 넘기면 불안정한 예산budget이 익숙해진다. 그렇게 사장이 되어간다.

지금까지 달력에 근거한 삶에서 벗어나 업계의 일 년 혹은 좀 더 긴 리듬에 몸을 맡겨보자.

호랑이는 호랑이 굴에 있다

호랑이를 잡으려면 호랑이 굴에 가는 게 제일 좋다. 먼저 어미 호랑이와 친해지고, 그다음 새끼 한 마리씩 얻어 오면 된다.

   홍콩의 부동산과 통신 재벌 '리카싱Li Ka Shing, 李嘉誠'은 한국에서도 유명한 인물이다. 그런데 그에 못지않은 홍콩의 오래된 부자 회사 리앤풍LI & FUNG은 다들 모른다. 자기 공장 하나 없이 의류, 액세서리, 장난감의 거래 중개만으로 연 매출 15조 원가량(114억 달러, 2022년 홍콩 세무국 애뉴얼 리포트 기준)을 만들어내는 대단한 기업이다. 한국에도 리앤풍 사무실이 있다. 지금은 중국 및 베트남으로 메인 소싱 기지가 옮겨 감에 따라 한국 사무실은 1980~90년대에 비해서 많이 축소되었다. 전성기 시절에는 한국에서 섬유(원단, 봉제, 인형, 가방) 좀 하는 회사들은 어떻게 해서라도 리앤풍과 거래하고 싶어 했다. 하지만 그 공급 매트릭스에 들어가는 것은 매우 어려웠다. 삼성물산이나 ㈜대우의 이사 출신이든, 대구의 염색 공장 과장 출신이든 각자 사장 명함을 들고 리앤풍의 문을 두드리는 순간에는 모두 평등하다. 물론 대기업 출신들은 인맥을 통해 리앤풍의 윗선에게 실무진을 바로 소개받는 기회를 가질 수 있다. 하지만 대기업 출신들은 일하다 보면 흔히 들을 수 있는 "일을 왜 그렇게 처리하세요?", "작업 샘플 보기나 하고 가져오신 건가요?", "이걸 설마 저한테 컨펌하라는 건 아니죠?" 등과 같은 리앤풍 주무 직원의 다소 거친 표현에 감정 조절을 잘 못하는 경우가 많다. 주무 직원(주로 대리, 과장)의 말은 날카롭고 서늘하다. 대기업 출신들은 상대의 업무적 고충을 이해하기보다 자신이 느낀 불편한 감정을 담당 직원의 상사에게 먼저 이야기하는 경우가 있다. 바보 같지만 많이들 하는 실수이다.

그런데 내가 아는 한 선배는 다른 방법을 택했다. 일단 담당 직원들과 친해지기 위해서 리앤풍이 있는 동일한 건물에 필요 이상으로 큰 사무실을 얻었다. 그리고 1990년대에는 흔치 않던 원두커피 기계를 사서 편안한 분위기에서 누구나 커피를 마실 수 있는 카페 같은 공간을 만들었다. 리앤풍의 많은 여직원은 주로 식사 후 쉬는 시간에, 혹은 업무 중에도 스트레스만 받으면 그 선배의 사무실로 내려와 준비되어 있는 달콤한 조각 케이크와 커피를 찾았다. 익숙해지자 자기 사무실인 양 출입이 잦아졌다. 당연히 선배와 담당 직원들은 하루에도 몇 번씩 마주치게 되고, 처음엔 눈인사로 시작한 만남이 인생 상담까지 해주는 사이가 되었다.

법륜 스님의 말씀이 생각났다. 층간 소음으로 불편해진 이웃 관계에 대해 완전히 다른 각도의 해결책을 제시하셨다. 먼저 맛있는 것을 사 들고 가 위층 꼬마와 친해져 보라는 것이었다. 그러면 위층 꼬마는 아래층의 친절한 아저씨, 아줌마가 불편하다는 것을 눈치채고 나름 자제한다. 아래층 부부는 이후에 꼬마가 설령 다시 쿵쿵거리며 뛰어놀아도 이미 친해진 그 아이가 내는 소음은 들을 만하게 된다.

리앤풍 직원들의 업무적 고충(주로 거래처나 공급상들의 대책 없음, 책임감 없음 등등)을 듣게 된 선배는 나름 더 조심하게 되고, 또 리앤풍 직원들은 공급상의 현실적인 어려움들을 듣게 되니 결과적으로 서로를 더 이해하게 되었다. 이렇게 인간적인 교류를 먼저 맺으면 상대편을 코너로 몰기보다 이해하고, 더 나아가 배려하는 마음까지 생기게 된다.

호랑이 굴에 들어갈 때는 호랑이가 좋아하는 것 하나는 들고 가라.

동네 형에게 배운 개헤엄으로는 개천 못 벗어난다

독립하기 전, 직장에서 배운 대리급, 과장급 실력을 믿고 무림으로 나온다. 내가 일하는 업종인 섬유(정확히는 원단 무역)의 경우에 는 대부분 30~40년 전 선배들, 대우 김우중 회장 세대들이 만들어 놓은 방식으로 장사하고 있다. 더 정확히 말하면 1960년대 일본 상사들이 한 비즈니스 스타일이 마치 정석인 양 이어져 내려오고 있다.

더 잘해 보고 싶어 주변을 둘러본다. 하지만 자문을 구할 멘토를 주변에서 찾기는 어렵다. 일상에 지친 사장들은 머리 아픈 이야기 라면 질색한다. 혹 누군가 진지한 의견을 준다고 하더라도 말이다. 나 역시 나와 비슷하게 고만고만한 회사를 운영하는 사장들의 이 야기를 귀담아듣지도 않는다.

책과 유튜브를 뒤져본다. 성공한 경영인과 유명한 경영학 대가 들의 이야기들이 쏟아진다. 그런데 좀 공허하다. "돈이 중요한 것 이 아니다. 고객 만족이 우선이다", "혁신하라" 등 이런 말을 듣고 있자면, 딱히 틀린 말도 아닌 것 같긴 한데 교과서와 학교 수업에만 충실해서 전국 수석이 된 친구들이 떠오른다. 어려운 환경을 이겨낸 위대한 기업들의 이야기인데, 왜 감동이 느껴지지 않는 것일까? 이미 지나간 성공 방식이기 때문이다. 10년 전이기 때문에, 미국에서이기 때문에, 중국에서이기 때문에 가능한 성공이었다. 지금 여기 한국에서는 더 많은 노력을 해도 동일한 성공을 거두기 어렵다는 것을 우리는 알고 있다. 비교적 최근에 생긴 카카오의 성공 스토리 역시 이젠 국사 교과서에 나오는 갑신정변과 비슷하다. 우리에게는 그냥 단순한 역사적 사건들일 뿐이다. 물론 그런 사건들로 인해 사람들의 삶은 조금 바뀌었다. 그게 다다.

길이 없는 것은 아니다. 작은 회사를 운영할 때 참고할 만한 좋은 지침은 의외로 바로 옆에 있다. 나와 동일 업종 혹은 유사 업종에서 지금 잘나간다는 회사의 변화와 발전 방식을 응용해서 내 회사를 개선시킬 수 있다. 이 같은 모방 전략은 모양은 빠지지만 돈도 적게 들고, 직원들의 저항도 별로 없다. 더욱이 성과가 확인된 것들이다. 효율적이다. 따라 하기 전략이라고 우습게 보면 안 된다. 좋게 표현하면 벤치마킹bench marking, 실상은 2등이라도 하기 전략이다. 오래전 삼성이나 GE 같은 초일류들은 버리라고 한 전략이다.

한국의 재벌들도 일본, 미국 따라 하기 전략으로 지금까지 왔다. 따라 하는 것도 사실 쉬운 일이 아니다. 변화가 없어 답답한 전통 산업에서도 신선한 시도를 하는 업체들은 있다. 예를 들면 새로 나온 ERP 시스템을 사용해서 생산 관리를 효율화한 경우, 디자인팀을 강화하고 영업팀이 디자인팀의 통제를 받도록 하는 조직 변화로 성공한 경우, 선적 전 검사 방식을 검사 전문 업체와 최종 바이어 모두 공유하는 온라인 검사 시스템으로 매출 증대와 클레임 건수를 낮춘 경우 등이 있다.

중소기업들로 형성된 업종들은 서로 얽히고설켜 조금씩 변화하고 성장한다. 가끔 한 업체가 혁신적 성공을 하면 곧 다른 업체들도 배운다. 남들이 가는 길만 잘 찾아도 덕을 본다. 애매한 곳에서 헤매면 죽을 수 있다. 남들이 시도한 것 중 성과가 있는 것만 꾸준히 내 회사에 시도하고 적용해도 큰 변화가 생긴다. 업종 내 작은 변화에도 항상 귀를 열고 있어야 한다. 5년 내로 남들이 해본 것은 다 해보겠다는 것도 좋은 목표가 될 수 있다.

작은 회사들은 감히 맥킨지의 컨설팅을 받을 수 없다. 물어봐도 견적조차 안 준다. 글로벌 컨설팅 업체답게 맥킨지의 주된 고객과 컨설팅 대상은 엄청난 자원과 에너지가 항상 필요한 공룡 같은 기업들이다. 그렇다고 속상해할 필요는 없다. 그들의 비싼 경험은 저렴한 책으로 시중에 정기적으로 나온다.

　귀인은 의외의 장소에서 나타난다. 젊은 시절, 직장에서 맞아가면서 배우던 방식만 고집하지 말자. 동네 형에게 배운 개헤엄으로 30년 넘게 개천을 넘나들었다. 이제는 자세를 교정할 때가 되었다.

바쁨은 꼭 좋은 결과를 의미하지 않는다

항상 바빠야 한다는 강박은 항상 일이 있었으면 하는 사장의 초라한 심정을 보여준다. 일감에 굶주린 사장들은 잠시라도 뭔가 하지 않으면 큰일이라도 날 것처럼 바쁜 척한다. 이미 마무리된 오더 관련 파일이라도 뒤적여 본다. 그리고 그 건을 진행한 담당자를 불러 왜 이렇게 처리했느냐며 뒷북을 친다. 비생산적인 부산이다.

매일 똑같은 내용을 들여다본다고 사업 내용이 그렇게 달라지지 않는다. 흡사 키우는 장미의 봉오리를 매일 들여다본다고 빨리 피지 않는 것처럼. 모든 일은 시간과 함께 그걸 지켜보는 인내도 필요하다. 그와 더불어 당연히 장미가 잘 자라기 위한 환경인지 수시로 점검하고 개선해야 한다.

작은 회사 사장들은 외부의 반응, 돈 되는 일감에 대해서는 고압 전기에 감전된 듯 급하게 반응을 한다. 하지만 내부에서 흘러나오는 소소한 소리에는 귀를 닫아버리는 경우가 많다. 오랜 거래처가 최근에 보인 이상 반응, 지난번 회식 때 본 영업3팀장과 팀원들 간의 애매한 자리 배치 등, 무심코 넘어갈 만한 작은 진동을 사장은 느끼고 대처를 해야 한다. 사장이 일감에만 매달리는 순간, 내부의 변화를 놓칠 수 있다. 태양을 한동안 바라보면 옆 사물을 제대로 못 보는 것과 같다.

 균형을 갖추기 위해서는 회사 일 그리고 주변 사람들과 거리를 둔 나의 시간이 필요하다. 멍 때려도 좋다. 장소로는 회사 근처 커피숍도 좋고, 공원도 괜찮다. 다만 휴대폰은 꺼두길 바란다. 그러면 지루해지면서 커피숍의 아기자기한 인테리어가 보이기 시작한다. 매일 같은 자리에 앉았음에도 비로소 벽에 걸린 그림이 실크스크린이 아닌 실제 유화라는 것도 알게 된다.

 데이터는 머릿속에 이미 충분히 쌓여 있다. 인풋input은 더 하지 말고, 하얀 종이를 꺼내서 생각나는 대로 단어를 쓰고 연결해 보라. 그러면 연결된 것들이 마치 유화처럼 어떤 형상을 나타내고 있다는 것을 알게 된다. 우리 일도 가끔은 조금 떨어져서 봐야 제대로 보인다. 확장해서 보면 사장 삶의 균형도 이런 분절된 시간을 통해서 가능하다. 바쁘고 분주한 상황만 지속된다면 스텝이 꼬이기 마련이다.

신동엽 시인은 평론 '시인정신록'에서 닭의 세계관은 부리와 모이의 크기를 반지름으로 한 원의 크기라고 지적한 바 있다. 이 '닭대가리론'을 문학가 김형수는 이렇게 해석했다.

　"한 치의 회의, 한 치의 망설임, 한 치의 자기 성찰도 없이 오직 열심히 일만 했던 결과가 닭대가리를 만들었다."[*]

* 출처:『삶은 언제 예술이 되는가』, 김형수 지음, 아시아, P. 150

사장스러움이란

카리스마란 단어 자체는 긍정적인 인상을 준다. 멋진 리더 혹은 멋지게 차려입은 선배가 좋은 식당에서 난생처음 보는 음식과 좋은 술을 사 줄 때, 나의 무지와 남루한 일상을 단칼에 처리해 주는 그런 시원한 느낌을 준다. 하지만 그런 연출된 행동은 카리스마라기보다 그냥 꼰대의 잘난 척으로 전락될 가능성이 매우 높다.

타인에게, 특히나 부하 직원에게 존경까지는 아니지만 멋진 사람으로 보여지길 모든 사장은 원한다. 하지만 우리 머릿속의 카리스마 이미지는 이미 영화나 드라마에서 잘생긴 배우들이 보여준 것들이다. 심지어 연출된 것이다. 따라 하기엔 식상하고, 한계 비용이 커서 비경제적이다. 카리스마가 더 위험한 이유는 그 안에 함의된 우월성, '리더인 내가 틀릴 수 없다'라고 믿기 때문이다.

사장스러움은 카리스마가 아닌 책임감 있는 모습을 통해서 보여진다. 그리고 책임감이란 자기희생의 바탕 위에 타인에 대한 우정, 배려를 통해 가능하다. 그래서 그 어떤 것(가족, 회사, 공동체 등)에 대한 책임감을 느낀다는 말은 흔한 말치고는 아주 무겁다. 매출 장부와 손실 리스트를 보고 있자면 힘이 빠질 때가 많다. 다리가 풀려 자리에 앉아 있을 때, 사장은 만감이 교차한다. 사업을 해서 돈을 벌기보다 손실이 더 날 것 같아 불안하다. 지금까지 번 돈이나 챙기고 좀 쉴까? 어제 본 TV 프로그램 〈나는 자연인이다〉가 자꾸 머리에 맴돈다. 고민과 번민이 머리에 왔다 갔다 한다. go냐 stop이냐의 문제이다.

그런데 그날따라 부산히 움직이는 직원들 몇 명이 눈에 들어온다. 정확히 개인적인 형편은 모르지만, 회사에서 나오는 월급을 다른 직원보다 더 소중해할 것 같은 직원들이 유독 눈에 밟힌다. 이 차장 남편은 실직 상태이고, 황 과장 애는 많이 아프다고 들었는데…….

어설픈 동정심 같으나, 나름 사장으로서 책임감을 느껴 심호흡을 한다. 모니터를 가득 채우고 있는 손실 관련 파일을 바탕화면에서 지워버린다. 힘이 빠진 다리를 주먹으로 한 번 강하게 치면서 허벅지 근육을 긴장시킨다. 별것 아닌 듯 씩 웃으면서 회의를 시작한다.

결국 나의 하루에 대한 책임감은 하루 동안 만나고 부딪힌 사람들에 대한 책임감이기도 하다. 나의 회사에 대한 책임은 당연히 주변 모두에게 확장된다. 이게 사장스러움이라고 가끔 나에게 동정 같은 위로를 건넨다.

2장

돈을 물로 보라

돈에 대한 욕구는 언제나 정당하다

운동선수는 경기에서 이기면 기분 좋고, 학생은 올라간 성적표에 웃음이 절로 나온다. 사업을 하는 사람은 한 건의 오더에도 엔도르핀이 쏟아진다.

개개인은 행복해지기 위해 몸부림친다. 사회가 허용하는 범위 내에서 그 애처로운 몸부림은 허락된다. 그런데 사회적인 위치, 나이, 성별에 상관없이 모두에게 허락된 공통의 즐거움이 있다. 돈 버는 즐거움! 돈을 벌어 차곡차곡 축적되는 것을 바라보며 느끼는 희열은 자본주의가 준 선물이다. 일정하게 들어오는 월급보다 짧고 굵은 한 방을 위해서 기꺼이 사장이 된 당신에게는 더욱 돈이 시작과 끝일 것이다.

그런데 어떤 사장은 돈 버는 것보다 봉사 활동, 취미 활동에서 더 큰 행복을 느낀다고 한다. 내가 봐선 그는 스스로를 속이고 있다. 기본적으로 현재 사업이 시원찮은 것이다. 봉사나 취미 활동이 충분히 보람차고 재미있을 수 있으나, 그것은 삶의 보조 수단이다.

누구는 "물질로부터 자유롭고, 돈에서 해방되라"는 말을 한다. 부정하지 않는다. 옳은 말이다. 하지만 내려놓음의 동기와 해방감은 언어로 설명하기 어렵다. 궁극적으로 시간과 자연이 나를 내려놓게 할 것이다. 그래서 영적 지도자, 종교인의 현학적인 가르침보다, 거친 수염의 자연인이 내뱉는 짧은 말과 허탈한 웃음이 우리에게 더 강한 메시지를 주는 것이다.

돈은 나의 분신이다. 왜냐하면 죽을 듯한 힘든 과정을 통해서 사회로부터 얻어낸 나의 노동의 대가이기 때문이다. 돈은 이미 현대인에게 종교적 숭배의 대상 같은 존재이다. 우여곡절 끝에 입금이 되는 순간, 그 돈이 가져다줄 풍요에 감사해하고 그 돈을 벌기 위해 사투를 벌인 나 스스로가 사랑스럽게 느껴진다.

이런 모습을 너무 천박하다고 볼 필요는 없다. 당당해져도 된다. "돈에 대한 욕구를 비윤리적으로 설명하는 동기는 공정을 바라는 마음이 아니라 질투에서 비롯된 것이다"라고 헝가리 유대인 출신의 투자자 앙드레 코스톨라니André Kostolany는 말한다. 특히 사업을 운영하는 사장들이 돈에 대해 가지는 욕구는 언제나 정당하다. 왜냐하면 우리는 단순히 욕망하는 것이 아니라 실천 중이기 때문이다.

많은 이들은 싸우지 않고 승리의 결과물인 돈만 욕망한다. 그래서 매주 로또를 사기 위해 줄을 선다. 최소한 사장은 안다. 그리고 사업을 통해 명징하게 다시 확인해 가는 중이다. 진실로 원하는 것은 인내하고 감수해야만 얻을 수 있다는 것을.

　자본주의 들판에 선 사장은 배고픈 늑대이고, 돈 버는 즐거움은 사회가 허락한 가장 큰 쾌락이다. 오더 하나에 희로애락을 느끼는 삶이 되었다고 한탄할 필요가 없다. 나방이 기름불에 뛰어들면서 왜 나는 불타는가 하는 질문을 하는 것과 같다. 그냥 사장은 그런 존재다. 우리가 사장이 된 이유를 세상 사람들은 더 잘 안다. 빈 소리 할 필요 없다.

사업에는 단기 투자가 없다

베트남 전쟁 때 해군 장교로 참전했다가 포로로 잡혀 8년 넘게 열악한 하노이 수용소 생활을 버티다가 생환한 미국 장군 제임스 스톡데일James Stockdale이 고국으로 돌아와서 상식을 깨는 놀라운 말을 했다.

"낙관적인 친구들은 모두 죽었다. 오히려 현실을 마주본 사람들만 살아남았다."

지나친 긍정론자를 포함해 단기 성과에 집착하는 낙관주의자를 비판할 때, 스톡데일 장군의 이 이야기가 자주 거론된다. '현실을 직시한 건강한 비관주의가 필요하다'는 메시지를 주고 있다.

사장은 기본적으로 긍정적인 인간이다. 남들이 다 안 된다는 사업을, 그것도 독단적으로 시작했으니까. 그런데 어찌된 일인지, 해만 지면 비관적이 된다. 특히 소주라도 한잔 들어가면 어떤 위로의 말을 건네야 할지 모를 정도다.

인간은 긍정 혹은 부정 중 한 가지 생각과 감정을 장기간 일관되게 유지하는 것이 쉽지 않다. 아니 불가능하다. 하지만 현재의 고민거리나 골치 아픈 현안을 단기적으로 결론 낼 것인지, 아니면 장기적으로 천천히 풀어가야 할 과제인지 정하는 것 정도는 통제할 수 있다. 왜냐하면 그것은 계획의 영역이기 때문이다.

스톡데일 이야기에서 우리가 주의 깊게 봐야 할 대목은 수용소에서 죽은 많은 포로들이다. 그들은 상황의 변화가 단기간에 만들어질 것이란 희망을 버리지 않았다. '이번 부활절에는 나갈 수 있을 거야', '독립기념일에는 정부가 뭔가를 해주겠지', '추수 감사절에는', '제발 성탄절에는'……. 이렇게 일 년이 지나고 이 년이 지나면서 다들 죽었다. 반면 스톡데일 장군은 처음부터 포로에 대한 협상이 쉽지 않을 것으로 예상했고, 최소 몇 년은 필요할 것이라 생각했다. 즉, 짧은 시간에 상황이 급반전되는 것을 기대하지 않았다. 길게 본 것이다.

마치 은행털이처럼 계획을 세워 사업을 단기간 내 급성장시킨 후, 번 돈 나눠 갖고 끝내는 경우는 없다. 왜냐하면 사업체는 저수지가 아니라 강에 가깝다. 그리고 그 속을 흘러가는 것, 유동체가 바로 돈이다. 그 유동량을 관리하는 것이 사업이다.

개천은 물론이고 한강 같은 큰 강도 항상 수위를 조절해야 한다. 사업은 불연속적이지 않다. 수도꼭지 잠그듯 회사를 한두 달 접고 나서 다시 시작할 수가 없다. 물이 마르면 죽고, 넘치면 어디로 물꼬를 틀지 가슴 졸이며 지켜봐야 한다. 사업가에게 돈이란 볏단처럼 차곡차곡 쌓아두는 것이 아니다. 급성장한다는 회사의 사장은 실제 자신이 돈을 벌고 있는지 잘 모르는 경우가 많다. 자신의 사업이 돛단배 띄우고 놀 정도였는데, 제법 큰 배가 들어올 정도의 강이 되어 있음을 나중에 알고 놀란다.

길게 보자. 내일 당장 사업에 큰 변화는 없는 것이 정상이다. 돌파구가 안 보인다고 저녁마다 소주 한잔 마시고 낙담만 하면 몸만 상한다. 사업은 길게 보는 것이다.

손해 보는 거래, 길게 보면 괜찮다

토끼 사냥을 할 때, 토끼 뒤를 쫓아 이 산 저 산 헤매서는 한 마리도 잡기 힘들다. 힘만 빠진다. 토끼 사냥에도 조직과 전략이 필요하다. 토끼가 지나가는 길을 파악하고 그 길목에서 기다려야 한다. 여유가 있다면 많은 덫을 준비해야 한다.

주식 투자도 이와 비슷하다. 개미는 자신의 스트라이커 존strike zone 안에 종합 주가 지수가 들어올 때, 자신이 잘 알고 있는 회사 혹은 업종별 대표 기업들에 먼저 투자해서 오르기를 기다리는 것이 뜨거운 테마주를 쫓아가는 것보다 효율적이다. 아니, 이 방법 말고는 일반 개미가 돈을 벌 수 방법은 달리 없다. 어떤 종목이 테마주가 될지는 귀신도 모른다. 하지만 실적을 꾸준히 내는 우량 회사는 자기도 모르는 사이에 대한민국을 먹여 살리는 대서사시의 주인공이 되어 왔다. 그것도 주기적으로. 시간과 인내심이 필요한 전략이다. 사실 개미에게 시간과 인내심 말고는 내세울 만한 것도 없다. 소문에 투자하는 것은 절대 피해야 한다. 일반 개미들이 접할 수 있는 뉴스는 그 주식을 팔려고 하는 이들이 흘린 것들이다. 믿어서는 안 된다.

사업 역시 기존 아이템에 자신의 경력을 최대한 집중하고, 일관성 있게 발전시키면 기회는 반드시 온다. 산업 사회 초기처럼 30년에 한 번씩 오는 것이 아니다. 현대는 그 사이클이 더 빨라졌다. 내가 봐선 평균 3~5년 정도 사이클을 탄다. 그래서 다양한 거래선과 계속 관계를 유지하는 것이 중요하다.

거래는 모두 선이다. 평균 이익률에도 미치지 못하고, 혹은 상대편이 모든 것을 가져가는 거래도 궁극적으로 좋다. 손해 보는 거래는 거의 없지만 설사 손해를 보는 거래도 길게 보면 괜찮다. 거래가 지속적이면 사업에선 모두 승자가 된다. 왜냐하면 거래는 소통이며, 서로가 필요하기 때문에 만났고, 그것을 확인하는 자본주의적 과정이 비즈니스다. 그러니 거래를 즐기고, 항상 다음 멋진 거래를 위해서 준비하자. 어떤 길목에서 잭팟이 터질지 모른다. 연속된 거래는 모두 소중하다.

섬유업계에는 바이어마다 국가별 특성이 있다. 프랑스 쪽 바이어는 마진을 아주 박하게 잡는다. 하지만 항상 새로운 트렌드를 읽어내고 앞서간다. 이들과 거래 시 조금 손해가 나더라도 나는 기꺼이 받아들이는 편이다. 왜냐하면 이들을 통해서 축적된 새로운 아이템군과 생산 노하우는 유행의 후발 주자들, 빅 바이어들(주로 미국의 소매업체)과 비즈니스를 하는 데 큰 도움이 되기 때문이다.

그리고 신규 바이어 중 젊은 신생 거래선도 무시해서는 안 된다. 당장은 오더 수량도 적고, 어렵게 대금을 받아내지만 잠재성을 볼 필요가 있다. 특히 거래처 젊은 사장이 까칠하고, 요구 조건이 많을수록 더 좋다. 내용적으로도 아주 건강하다는 증거다.

1980년대 캐주얼 의류 시대를 준비한 유니클로의 젊은 창업자 야나이 다다시는, 자신이 원하는 베이식한 젊은 옷을 만들어줄 한국 봉제업체를 찾아다녔다. 당시 미도파백화점의 주인 ㈜대농에도 자주 찾아갔으나, 대농은 적극적이지 않았다. 다다시 회장이 제시한 조건들이 매력적이지 못했기 때문이다. 만약 대농이 젊은 유니클로 회장의 손을 잡았다면 대농은 1997년 외환 위기를 다르게 넘겼을 수도 있다.

이에 비해 영원무역은 흔들림 없는 거래를 통해서 세계적인 섬유업체로 성장했다. 대한민국 교복 패딩, 노스페이스NORTHFACE의 제품을 한국의 영원무역이 주로 생산했고, 한국 내 판매 판권을 가지고 있다. 하지만 미국 본사는 상장 후 몇 번의 파산 신청, 합병 등

부침이 많았다. 지금은 VF Corp(소유 브랜드_VANS, EASTPAK, DICKIES, JANSPORTS 등등)으로 경영권이 넘어가 있다. 사실상 미국의 노스페이스란 브랜드는 한국의 영원무역을 통해서 다시 살아났다고 볼 수 있다.

미국 본사가 흔들릴 때, 영원무역은 노스페이스 브랜드가 가진 힘을 믿고 더욱 적극적으로 비즈니스에 임했다. 본사에서 전담하던 디자인 개발까지 영원무역이 대신해 주면서 결국 노스페이스를 다시 살리는 데 공헌했다. 최근에 영원무역은 룰루레몬과도 좋은 파트너로 레깅스 시대를 열어가고 있다.

거래에 관한 한 트럼프의 경험에서 나온 말들은 아주 매력적이다. 미국 대통령까지 된 한 사업가의 혜안을 들어보자. 그 전에 그가 뉴스에서 보여준 약간 우스꽝스러운 모습을 잠시 머릿속에서 지우고 들으면 더욱 좋다.

"나는 돈 때문에 거래를 하는 것은 아니다. 돈은 얼마든지 있다. 내게 필요한 양보다 훨씬 많다. 나는 거래 자체를 위해서 거래를 한다. 거래는 나에게 일종의 예술이다."*

* 출처: 『거래의 기술』, 도널드 트럼프 지음, 살림출판사, 서문 중

가벼운 이자는 없다

사업의 성공을 가로막는 것 중 하나는 과도한 대출이다. 시중 금리를 가볍게 보기 때문이다. 하지만 절대 쉬운 상대가 아니다. 왜냐하면 당신의 사업이 아무리 신선하고 참신한 아이디어로 무장한 것이라도, 장기적으로는 업계 평균 이윤율을 초과하기 어렵다. 각 산업의 평균 이윤율이 취합되어 한 나라의 경제 성장률이 된다. 그리고 성장률은 궁극적으로 금리로 수렴된다. 결과적으로 금리는 우리가 사업을 통해 거둘 수 있는 미래 성과까지 먼저 알고 있다.

금리를 훌쩍 넘는 이익률을 장기적으로 유지한다면 당신의 사업은 엄청나게 성공적이다. 시중 금리 수준의 이익률은 얻기 쉽다고 생각할 사람이 많다. 하지만 역사적으로 금융 자본이 어떻게 산업 자본을 지배하게 되었는지 생각해 보라. 금융 자본의 돈은 하루도 쉬는 날이 없고, 밤에도 일요일에도 작동한다. 산업 자본이 이길 수 없다.

초보 사장들은 대출을 너무 쉽게 생각한다. 자신이 하는 일에 대한 부가 가치를 과대평가하기 때문이다. 사람은 하루 24시간 쉬는 날 없이 한결같이 일을 할 수 없다. 그래서 사업체가 장기적으로 유지할 수 있는 평균 능력을 사장은 먼저 파악해야 한다. 이를 기준으로 직원 수를 조정한다. 많은 사장은 사업체가 할 수 있는 최대치를 항상 유지 가능할 거라는 착각을 한다. 단기적으로는 가능할 수 있으나 장기로 유지하기는 어렵다. 왜냐하면 사업은 정신력으로 극복할 영적인 것이 아니다.

자영업자들 가운데에 다중 채무자의 증가는 이젠 뉴스도 아니다. 제1금융권과 제2금융권, 심지어 두 자리 금리의 카드론을 사용하는 경우도 있다. 이 정도라면 당신은 이미 당신 사업을 하는 게 아니다.

금융 회사들의 중요한 고객은 VIP룸에서 영접받는 슈트 차림의 노신사가 아니다. 은행마다 만들어 놓은 VIP룸은 그저 쇼다. 그들의 실제 최고 고객은 돈을 어떻게 해서든 빌리려고 하는, 그 가운데에서도 연체로 인해 눈덩이처럼 불어난 이자를 꼬박꼬박 은행 창고에 바치는 다중 채무자들이다.*

* 출처: 『맞벌이의 함정』, 엘리자베스 워런·아멜리아 워런 티아기 지음, 필맥, P. 202, 워런과 시티뱅크 경영진과의 상담에서 나온 말.

사업을 하다 보면 외상 매출이 생기기도 하고, 자금이 필요할 수 있다. 또 돈을 빌려와 회사 규모를 크게 키우고 싶기도 하다. 수출 업체라면 무역 금융 혜택을 받을 수 있다. 수출을 통한 매출액이 커질수록 거래 은행으로부터 쉽게 돈을 빌릴 수 있다. 이런 돈을 흡사 원래 내 돈인 양 사용하는 경우가 많다. 그러다 보니 마진 없는 매출이라도 일으켜 무역 금융을 더 받고 싶은 유혹에 빠진다. 이런 돈으로 부동산에 투자하는 것이 현명한 것처럼 보인다.

영원할 것 같았던 저금리도 2022년 한순간에 예상치 않게 올랐다. 한쪽 방향의 베팅은 투자자로서도 위험하지만 사업가로서는 절대적으로 피해야 한다.

벌고 싶다면 돈을 물 쓰듯 쓰라

사업의 목적은 돈을 버는 것이다. 미사여구로 꾸밀 필요 없다. 누구에게나 돈은 필요하다. 그것도 많으면 많을수록 좋다. 하지만 사업을 하는 동안에는, 돈이란 내가 추구하는 그 무엇이 아니고 카지노의 칩 혹은 게임 머니로 생각하는 게 좋다. 돈은 숫자에 불과하다는 생각을 가져야 해야 할 일을 벌일 수 있다.

사업을 하려면 돈을 무조건 투자해야 한다. 그 투자된 돈이 내가 진실로 갖고 싶은 그 무엇으로 여겨진다면 집착하게 된다. 그러면 투자가 안 된다. 사업을 하려면 돈을 뿌리라. 운영 자금 외는 필요한 곳에 투자할 때는 아낌이 없어야 한다.

중국에는 재물신으로 모시는 2명의 실존 인물이 있다. 관우와 범려. 관우에 비해서 범려는 우리에겐 낯선 이름이다. 그는 중국 춘추 시대 사람이다. 우리에게 익숙한 와신상담의 고사가 생긴 월나라(현재 저장성, 수도 소흥)의 재상이었다.

그는 숙적 오나라를 무너뜨린 월나라 공신으로 부와 명예를 누릴 수 있었지만 토사구팽이란 고사를 남기고 제나라에 가서는 금융업과 도매업으로 새로운 도전을 한다. 그리고 그곳에서 거부가 된다. 그의 둘째 아들이 초나라에서 객기로 살인을 하게 된다. 사형 선고를 받은 둘째의 구명을 위해, 초 왕의 존경을 받고 있는 장생에게 뇌물을 주려고 했다. 막내에게 황금 1,000냥을 들고 가게 했다. 그러자 장남이 적극적으로 자신이 가야 한다고 고집한다. 기어이 장남은 황금을 들고 장생에게 가서 동생의 구명을 부탁한다. 그리고 장생은 초 왕에게 가서 하늘의 기운 등등 무협지에 잘 나오는 혹하는 말로 전국 사형수의 사면령을 건의했고 왕은 받아들였다.

그런데 이런 내막도 모르고, 초 왕의 사면령이 있을 것이라는 소문을 들은 첫째는 장생에게 준 황금이 아깝다는 생각이 들었다. 그래서 첫째는 장생을 다시 찾아갔고, 이를 눈치챈 장생은 황금을 되돌려준다. 수치스러움을 느낀 장생은 초 왕을 다시 찾아가서 범려의 둘째 아들 관련 이야기를 한다.

결국 둘째는 사형을 당하고, 첫째는 동생의 주검을 들고 범려에게 돌아온다. 이에 범려는 허탈하게 웃으며 말한다. "이렇게 될 것 같았다. 내가 구명하러 막내를 굳이 보내려고 한 이유는 막내는 제나라에서 형편이 풍족할 때 태어나서 돈을 거리낌없이 쓴다. 하지만 첫째는 월나라에서 힘들게 살 때 태어나서 돈에 항상 인색하다. 그래서 아낌없이 돈을 써야 하는 뇌물성 구명 활동에는 어울리지 않는다고 생각했다."

어떤 사업을 하든 R&D 투자는 필요하다. 미래의 잠재 수익을 현재로 당겨와서 오늘 쓰는 것이 R&D 투자다. 하지만 미래 수익은 항상 가늠하기 어렵고, 오늘 투자 금액은 무겁게 느껴진다. 더구나 10개 개발하면 한두 개에서 겨우 괜찮은 수익을 낼 뿐이다. 이런 증발된 비용이 직원 몇 명 월급처럼 느껴지면 R&D에 투자하기 힘들다. 투자에 들어가는 돈은 그냥 숫자로 생각해야 한다. 그래야 사장도 직원도 달릴 수 있다.

사장은 돈 쓸 때 가끔은 술에 취한 것처럼 기분을 낼 수 있어야 한다. 회식이 끝나고 직원들이 2차 간다고 할 때 내어준 법인 카드에 단서를 달지 말라. 만약 현금을 준다면 그냥 지갑을 열어 안에 있는 현금을 다 꺼내서 건네는 퍼포먼스도 필요하다. 직원 앞에서 1만 원짜리 몇 장, 5만 원짜리 몇 장을 침 발라가며 세는 모습은 가급적 삼가라. 그러니 현금은 너무 많이 들고 다니지 마시길.

사장의 셈법, 일단 돈을 먼저 내라

오늘 저녁 식사 자리에 음식값과 술값을 지불할 능력과 마음이 없다면 가지 않는 게 좋다. 당신이 사장인 이상, 학창 시절의 3 대 3 미팅처럼 머릿수가 아쉬워 당신을 불러낸 자리일 리가 없다. 직장인의 셈법은 버리고 사장의 셈법을 익혀야 한다. 사장의 셈법은 돈이 아주 많은 부자들이 하는 셈법과 비슷하다. 사장이 된 이상, 지갑에 돈이 많든 적든 부자들의 셈법에 익숙해져야 한다.

샐러리맨들은 일반적으로 통장에 월급이 들어오면 공과금 등을 제하고 남은 일부를 이달 사용 가능한 총액으로 정한다. 그 금액을 항상 머릿속에 두고 스스로 제어하면서 생활한다.

하지만 사장의 셈법은 선 입금 후 결제가 아니다. 내년에 벌 것 같은 돈을 오늘 먼저 당겨서 사용할 수 있어야 한다. 내가 앉은 자리는 일단 내가 계산한다는 마음을 가져야 한다. 사장이란 존재는 케어하는 주체이지 케어받을 대상은 아니다. 소소한 식사 자리라도 주체와 대상을 명확하게 볼 필요가 있다.

많은 사장님들이 착각을 한다. '선배들 있는 자리인데 신세 좀 져도 돼', '이 업종 경기 안 좋은 것 세상이 다 아는데 오늘 계산 안 해도 나를 이해해 주겠지'. 하지만 그건 정말 혼자만의 생각이다. 주변 사람들은 그렇게 봐주지 않는다. 왜냐하면 사장이란 존재는 미래 가치를 함의한 그 무엇이기 때문이다.

하지만 어릴 때부터 받은 근검절약 교육과 직장인의 삶에 익숙해져, 사장이 된 후에도 사장의 셈법을 따르는 건 매우 어렵다. 그 이유를 살펴보자.

첫째, 우리에게는 눈에 보이지 않는 것에 대한 값어치를 상당히 낮게 보는 심리가 있다. 고급 차는 당장 내 눈앞에 있는 실물이므로 가격이 예상보다 비싸도 그걸 인정하는 경향이 있다. 하지만 무형의 자산에 대한 평가는 인색하다. 사장인 나를 둘러싼 모든 관계, 사업을 통해서 만나는 다양한 사람들, 내년에는 이름조차 기억하지 못할 사람이라도 모든 것이 나의 무형의 자산이다. 기분 좋게 식사 후 다시 볼 때는 그런 관계들이 나를 중심으로 거리가 좁혀질 것이다. 어찌 보면 사업이란 나를 중심으로 모든 것을 세팅해 가는 과정이다. 그러니 여기에 들어가는 비용을 아껴서는 안 된다.

두 번째 이유는 근거 없는 두려움이다. 돈을 막 쓰면 안 된다는 믿음이 머릿속에 깊이 각인되어 있다. 하지만 주당 2~3번 정도 사람을 만나고 식사하는 자리에서 밥값, 술값을 내는 것이 과연 막 쓰는 것일까? 물론 아까울 때가 있다. 그렇다면 상대편도 그런 생각이 들지 않을까 생각해 보라. 사장은 어떤 자리에서도 빼앗아 가기보다 베풀어주는 것이 좋다. 결국 남는 장사다. 넉넉한 셈법에 익숙해지자.

마지막 세 번째, 그 셈법이 어려운 이유는 무임승차를 하고 싶은 속마음 때문이다. 아주 부유한 집에서 성장하지 않은 한 우리들 대부분은 '거지 근성'이 내재돼 있다. 거지 근성을 가지고는 타인에게 영향력을 행사할 수 없다. 주위에 영향을 주려면 사장은 어디에서나 누구에게도 주눅 들어서는 안 된다. 당당해야 한다. 당당하다는 것은 자유롭다는 뜻이다. 이것 때문에 사장이 된 것이다. 빨리 돈 벌어 경제적인 자유도 얻고 싶고, 나의 시간을 내가 조정할 수 있는 자유, 그리고 내가 원하는 일에만 몰입할 자유. 우리는 이걸 위해서 조직을 박차고 나왔다.

회장님은 읽지도 않는다는 것을 알면서도 부장님 지시로 밤새워 자료 찾아 보고서 쓸 필요 없다. 이사님이 법인 카드로 사주는 위로주도 기대할 필요 없다. 돌이켜보면 금일봉과 공짜로 마시는 술은 결국 내가 먼저 그런 가치를 제공했기 때문에 가능한 것이다. 그런데 지금껏 나의 것을 낮추어 봄으로써 주눅이 들었고, 얻어먹는 것에 늘 고마워했다. 사장이 된 이상 습관적으로 대접을 받는 거래처에도 식사 한두 번씩 대접하는 것이 좋다. 거래처가 제공하는 관행적 향응은 직원들에게 돌리고, 사장은 역으로 대접하면서 향후에 거래 협조를 요청하는 것이 훨씬 이득이다.

　사장의 셈법이란 사실 단순하다. 계산할 때 잠시 복잡한 머릿속을 포맷하는 것이다. 지갑은 열고 가슴을 펴자. 앞에 있는 술 한잔 시원하게 들이켜라. 그리고 깔끔하게 계산하라. 수처작주隨處作主*의 시작이다.

---

* 수처작주 입처개진隨處作主 立處皆眞: 수처작주(머무르는 곳마다 주인이 되라) 입처개진(서 있는 곳이 참된 자리이다). 당나라 임제 선사의 말이다.

뇌물, 위험하고도 짜릿한 효과

비즈니스를 하다 보면 당연히 갑을 관계가 생긴다. 뇌물을 줄 필요가 생긴다. 아니, 그런 유혹에 빠진다. 하지만 뇌물은 불법적인 요소가 많기 때문에 잘못하면 거래 담당자를 곤경에 빠트리고, 급기야는 바이어도 잃을 수 있는 고위험 영업 전략이다. 그래서 기본적으로 하지 않는 것이 좋다. 만약 해야 한다면 현금보다는 현금성 선물이 좋다. 나는 금을 추천한다. 뇌물이라고 하지만 지속적이고 정기적으로 돈이나 선물을 상납하는 것은 위험하다. 고마운 선물도 정기적으로 받으면 당연시되고 기다려진다. 그러다 한 번 못 받으면 마치 월급을 못 받은 것과 같은 상실감을 느낀다. 그리고 상실감은 보통 적대감으로 변한다. 최악의 경우다.

나는 국내 업체들을 상대로는 명절 선물을 돌리는 경우는 있지만, 이런 부작용 때문에 뇌물성 현금은 주지 않는다. 명절 때 과일을 돌리는 게 전부이다. 하지만 외국 바이어 CEO에게 한 번 뇌물을 주었고, 스스로 만족할 만한 효과를 얻었다.

당시 월마트Walmart에 란제리를 공급하는 벤더(미국 회사)와 첫 비즈니스를 시작할 때였다. 미국인 사장은 60세가 넘었음에도 미국, 한국, 중국, 필리핀 등을 일 년에 몇 번씩 다니면서 정력적으로 일하는 노신사로 이름은 멜Mel이었다. 뉴욕의 한 지인을 통해 우리 샘플들을 이곳 회사에 몇 번 소개한 적이 있다. 다행히 월마트 디자인팀에서 우리 원단 중 한 개를 선택했고, 오더를 기다리는 중이었다.

사장인 멜로부터 상하이 JW 메리어트 호텔 비즈니스 홀에서 미팅을 하자고 메일로 연락이 왔다. 미국 업무 담당자를 통해서 이 미팅의 의미를 대략적으로 사전에 들었다. 수량이 큰 오더였고, 첫 거래선에 이런 중요한 오더를 진행하는 것이 불안했던 멜은 기존 메인 거래 공장에 오더를 돌릴 생각이었으나 일단은 원 공급선 책임자인 나를 한 번 볼 요령으로 미팅을 잡은 것이란다.

어떻게 하면 그를 설득할 수 있을까? 상당히 고민이 되었다. 더욱이 난 막 사업을 시작한 즈음이었다. 33세의 동양 남자가 60대 유대인 사장을 휘어잡을 말재주는 당연히 없다. 그것도 영어로. 도저히 승산이 없었다. 그래서 선택한 것이 뇌물성 선물이었다. 부담을 확 느낄 수 있는 그 무엇. 난 황금으로 만든 두꺼비 크기의 황소로 정했다(서양인들은 양서류, 파충류를 싫어한다).

금은 환금성도 좋지만, 특히 황금 덩어리는 그 자체로 묘한 매력이 있다. 금덩어리 소에는 내 이름을 한글과 중문으로 표기했고, 혹시 상대편이 곤란하지 않도록 그의 이름과 회사 이름은 영문으로 표기하지 않았다. 그리고 상담을 마치고 나서 선물을 내밀었다. 금인 것을 알면 안 받을 게 뻔했으므로 기념품같이 보이도록 상자에 넣어 주었다. 전통적으로 첫 거래선에는 우리 가문family의 상징인 소cow를 기념품으로 만들어서 준다고 가히 소가 웃을 소리를 했다. 그리고 이 황금 소는 당신 자녀들에게 행운을 가져다줄 것이라고, 준비한 영어 멘트도 빠트리지 않고 정확히 말했다. 그러나 멜은 내 말을 주의 깊게 듣는 것 같지 않았다. 다음 상담이 있으니 넌 이젠 빨리 나가 달라는 재촉을 하듯, 상담의 마무리 시점에 뜬금없이 미국인 특유의 큰 미소를 보이고는 바로 힘찬 악수를 건넸다. 황금 소가 든 상자는 회의 테이블 밑으로 던져 놓았다.

　오더를 줄 것 같지 않았다. 어쨌든 이번 미팅은 왜 오더를 나에게 줄 수 없는지 그 이유를 만들고자 만났으니 달리 큰 변화는 없을 것 같았다. 당시 난 너무 어렸고, 솔직히 그 오더를 진행할 만큼의 조직도 없었다. 혹시나 잘못되면 중간 벤더들이 큰 손실을 입을 수 있다는 것도 나 역시 잘 안다. 경험 많고 노회한 사업가의 농축된 직감은 언제나 존중할 만하다. 그날 저녁, 멜에게서 전화가 왔다. 멜은 상자를 열어 보고 고민을 했는데, 받기로 했다며 고맙다고 말했다. 그리고 내일 아침 일찍 필리핀행 비행기를 타야 하므로 이번 오더에 들어갈 프린트 패턴을 호텔 로비에 두고 갈 테니 찾아가서 준비를 하라고 했다.

지금도 그 회사와 거래를 하고 있다. 물론 멜은 10년 전에 은퇴해서 미국과 필리핀을 오가면서 노년을 보낸다고 들었다. 뇌물성 선물의 효과는 오래갔다.

진짜 돈 되는, 한계 비용 제로의 순간

사업체에게 돈은 물과 같다고 설명한 바 있다. 사업은 저수지보다는 강에 가깝다. 흐르는 유동체, 강물이 돈이고, 유동량을 관리하는 것이 사업이라고 정의할 수 있다.

서울 망원동 슈퍼 사장님이 그 동네 사람들을 감동시킨다고 상암동에 사는 사람들까지 찾아와 줄 서서 물건을 사지는 않는다. 그에 반해 '허니 버터칩'이라는 히트 상품은 전 한국인을 감동시켰다. 그러면 전국 단위의 돈을 끌어 담을 수 있다. 애플의 아이폰은 세계를 감동시키며 전 지구적 규모의 돈을 벌었다. 결국 어떤 단위 고객을 어떻게 감동시키느냐에 따라 사업체의 유동량 규모가 달라진다. 스티브 잡스의 아이폰이 태평양이면, 허니 버터칩은 낙동강에 비유할 수 있다.

식상하지만 모두가 아는 진실이 있다. 고객을 만족시키면 기업은 돈을 번다는 것이다. 눈먼 고객에게 한 푼 두 푼 뜯는 호객 행위로는 제대로 돈을 벌 수 없다.

제레미 리프킨의 '한계 비용 제로 사회'를 응용해서 설명할 수도 있다. 경제학에서 '한계 비용 체감'이란 말이 있는데, 하나를 생산할 때 들어가는 비용이 생산량이 많아질수록 점점 감소하는 것을 말한다. 리프킨은 이런 한계 비용이 현대의 기술 혁명으로 제로가 된다고 설명한다.

사업을 하다 보면 한계 비용이 제로가 되는 상황을 가끔 마주친다. 생산뿐 아니라 무역 및 서비스를 제공하는 사업들도 동일한 경험을 한다. 한 건의 오더를 진행하는 도중 추가로 더 많은 오더가 들어와 동시에 진행하게 되어도 사람들만 바빠질 뿐 추가 비용은 더 들어가지 않는다. 즉, 건별로 들어가는 비용은 체감된다. 주문이 넘치기 시작하고, 모든 직원이 일에 치여 화장실 갈 시간도 없어진다. 사장을 포함한 모든 직원의 얼굴이 누렇게 뜨기 시작할 때, 회사는 러너스 하이runner's high를 경험하는 것이다. 바로 한계 비용 제로의 순간들이다. 이때 한두 명의 여유 인력은 아주 유용하다.

하지만 이게 돈이 되는지 그때는 잘 모른다. 바쁠수록 회사 구좌에는 돈이 메말라가고, 돈 달라는 곳은 점점 더 많아진다. 일은 이렇게 바쁜데 왜 돈은 없는지 궁금하다. 그러나 어느 시점이 지나고 나면 겨울철 계곡물 같던 유동량이 장마 뒤 강 수준으로 변해 버렸음을 알게 된다. 그래서 한번 도약을 해본 사장들은 동의할 것이다. 진짜 돈을 벌고 있을 때는 내가 얼마를 벌고 있는지 파악이 안 된다.

여기서 주의할 점은 큰 물줄기가 들어올 때, 내게 주어진 미션 완성을 최우선으로 생각해야 한다. 돈을 얼마 남겨야 한다란 생각은 머릿속에서 지워라. 한계 비용 제로 상황에서는 모든 구성원이 가진 역량의 100% 이상을 쏟아내고 있으므로 놓치는 일이 생긴다. 이때의 작은 실수는 대형 사고로 이어진다. 비용이 들더라도 외부에 의뢰하는 일들은 가장 비싸고 잘하는 업체에 아웃소싱을 해야 한다. 실수를 줄이는 것이 결국 남는 장사가 된다.

회사의 도약을 한번 경험한 직원들은 개인 역량도 같이 성장해 있음을 알게 된다. 모두들 스스로를 대견해한다. 이런 감격스러운 성취감은 회사가 얻는 또 다른 큰 소득이다.

사업의 목적은 감동이고, 감동의 크기가 돈이다.

3장   작은 회사 '조직론'

사업은 자위가 아니다, 혼자 하지 말라

결론부터 말하면 직원이 있어야 사장이 된다. 다르게 표현하면 사장이 되려면 조직을 먼저 만들어야 한다. 사장 개개인은 예측 불가하지만, 자신이 만든 조직의 일부가 되면 사장 역시 자기 관리를 하기가 더 쉽다.

프리랜서 사장과 조직을 가진 사장은 다른 존재다. 비즈니스에 임하는 태도가 달라진다. 투자 기관에서 고수익을 거두는 펀드 매니저조차 개인적으로 투자할 때 실패하는 경우가 많다고 한다. 왜냐하면 기본적으로 전략이 달라지기 때문이다. 업무로서 투자는 몇 퍼센트 이윤, 평균치가 주요한 판단 기준이다. 그런데 개인 투자가가 되면 다소 허황된 목표치를 가지고 투자하기 쉽다.

개인은 효용 위주로 행동하고, 기업은 숫자로 표현된 이윤에 의해 움직인다. 물론 효용 위주 1인 기업이 유리할 수 있는 업종이 있을 수 있다. 하지만 나는 개인의 재능을 파는 프리랜서는 사업가라고 보지 않는다.

사업을 표준국어대사전에서는 이렇게 정의한다.

"어떤 일을 일정한 목적과 계획을 가지고 짜임새 있게 지속적으로 경영함. 또는 그 일."

여기서 지속적이란 말이 중요하다. 회사는 동네 반상회같이 일회성이나 간헐적인 결과물을 만들어내는 곳이 아니다. 아침 해만 뜨면 모여서 뭔가를 해야 한다. 짜임새 있게 하든, 즉흥적으로 하든 매일, 특정 주제를 가지고, 특정 공간에 모여서 지속적으로 일하는 집단이 회사다. 물론 코로나19로 인해 재택근무가 일상화하고, 심지어 재택근무를 사회적 트렌드로 보는 사람도 있다. 하지만 나는 예외적인 현상으로 본다. 재택근무가 허용되고 장려까지 된다면 회사 입장에서는 그 일을 아웃소싱으로 전환할지 고민하게 될 것이다. 정상적인 사장들은 정규직 직원을 뽑아서 재택근무를 시키지는 않는다.

업무 성과에 대한 판단이 모호한 디자인 일이나 단위 노동 시간 내 성과를 바로 파악할 수 있는 청소와 같은 양극단의 업무는 회사 입장에서는 아웃소싱 대상이 될 수 있다. 하지만 회사 운영에 있어 시간 단위로 관리하는 핵심 업무에는 정규직 직원을 선호한다.

그런데 비수기 동안 컴퓨터 앞에서 인터넷만 하는 직원들을 보면 내가 사업을 하는 건지, 무료 PC방을 하는 건지 헷갈리고 짜증이 난다. 그래서 사장은 결심한다. '직원 없이 내가 다 한다! 아끼는 것이 최선이다!' 이런 충동적 결정을 내리는 사장들이 주변에 흔하다.

막 사업을 시작할 때, 사무실은 절간같이 고요하다. 회사 안에는 다양한 정보와 의견들이 돌아다녀야 하는데, 누구 하나 아이디어를 주는 사람도 없다. 심지어 고객을 통해 업계 돌아가는 형편을 알게 되는 경우도 있다. 한두 번 정도는 고객들이 이해해 주지만, 이 상황이 잦아지면 고객들은 다음부터 문의도 안 한다. 그래서 초보 사장은 여기저기 찾아다니고, 정보를 모아서 공부를 해야 한다. 고객보다 항상 더 똑똑해져야 한다.

사무실에 있는 시간보다는 외근하는 시간이 더 많아야 한다. 그런데 대낮에 사무실 문을 잠그고 나가는 순간, 나와 업무 공간은 분절된다. 사무실에 누가 안 오는 것 같아도 문을 항상 개방하면 누군가는 오게 되어 있다. 그 빈 공간도 알아서 일을 하게끔 해야 한다. 예를 들면 오래된 거래처 직원이 근처에 외근 왔다가 사무실에 불쑥 찾아와서 인사할 때가 있다. 그렇기에 내가 없어도 누군가는 남아서 간단히 상담하고 다음 약속을 잡을 수 있어야 한다. 그런데 사무실을 방문했는데 문이 잠겨 있다면 이후에는 대개 연락을 하지 않는다.

개인의 재능으로 운영되는 1인 기업은 연예인 기획사가 대표적이다. 무명 시절에는 출연 계약, 스케줄 관리, 입출금 업무 등을 혼자 다 한다. 어느 정도 인지도가 생기면 매니지먼트 회사에 전속 계약을 한다. 이익금의 반 이상을 회사가 가져가는 조건이지만, 연예인들은 아까워하면서도 도장을 찍는다. 왜냐하면 후자가 지속 가능성이 높기 때문이다. 결국에는 연예인들조차 조직의 도움을 필요로 한다.

만약 당장 집에 가져다줄 생활비도 빠듯하고, 직원 한두 명의 비용도 부담하기 벅찰 정도로 아껴야 한다면 동업을 고려해 볼 만하다.

동업의 황금률, 나의 몫 49%

사업을 시작할 때 의욕 말고는 모든 것이 부족하다. 회사를 돌릴 일감도 급하고, 운전 자금은 항상 부족하다. 하청 업체에 외상으로 거래할 수 있으려면 신용credit도 필요하다. 공동 창업을 하면 이런 결핍을 비교적 수월하게 해결할 수 있다. 그래서 동업은 사업 시작을 가능하게 하는 신의 한 수로 작용하기도 한다.

이런 긍정적인 면들이 있음에도 불구하고 세상 사람들은 동업에 부정적이다. 가장 큰 이유로는 비즈니스보다 젯밥에 관심이 가는 인간의 이기심 때문이다. 고생은 내가 더 하고, 수익은 상대편이 더 가져가는 것은 아닌지 의심하기 때문이다. 출중한 능력의 동업자라도 동업 시간이 오래될수록 상대편이 점점 기생충처럼 보인다.

모든 거래에는 황금률이 있다. 롱텀 할 수 있고, 모두가 윈-윈하는 비율은 상대편이 나보다 1% 더 많은 51%를 가져가도록 하는 것이다. 아직 실현되지 않은 미래의 잠재 수익에 욕심내지 말고, 사업의 시작을 먼저 고민해야 한다.

그래도 내가 더 적게 가져가는 것 같아서 억울한가? 그러면 죽자 살자 그 사업에 매달리라. 궁극적으로 사업에 애착을 가지고 고생을 더 많이 한 쪽이 주도권을 잡게 된다.

직원은 회사의 주인이 아니다

상장된 주식회사가 아니라면 회사의 주인은 솔직히 사장이다. 집기 하나에도 사장의 손길이 가지 않은 것이 없다. 창업자이기도 하고 오너이기도 하다. 그런데 주인의식이 없다고 직원을 탓하는 사장이 많다. 주인이 아닌 사람에게 주인의식을 강요하는 것은 명동의 중국인 관광객에게 왜 한국에 대한 애국심이 없냐며 탓하는 것과 비슷하다. 그런데 많은 사장이 이런 환상을 직원에게 심으려고 하고, 심지어 강요한다.

직원에게 있어 주인의식을 진짜 발휘해야 할 때는 자기 스스로의 삶을 위해서다. 주체적 삶의 주인이 되도록 해야 한다. 그렇기에 회사에서 직원들 스스로가 성장 가능성을 발견할 수 있게 해야 한다. 그들의 삶이 녹아들면서 역사는 시작되고 결과적으로 회사는 성장을 하게 된다.

개개인의 성장 여부는 돈으로 확인시키는 것이 가장 확실하다.

분배를 하는 사장이나 배분을 받는 직원 모두에게 임금 인상만큼 간결하고 강력한 메시지도 없다. 흔히 이런 걱정을 한다. 직원들 월급은 계속 오르고, 회사가 버는 것은 그대로인데 늘어나는 고정 비용을 어떻게 감당할 수 있을까?

그런데 역지사지해 보자. 물가 상승률만큼도 회사가 직원들에게 보답을 못 하면서 어떻게 직원에게 주인의식을 말할 수 있겠는가? 그건 직원들의 희생만을 강요하는 것이다. 직원들은 직감적으로 회사 사정을 쉽게 파악한다. 직원들은 최소한 회사 현황에 대해서는 사장보다 더 현명하고 냉철하게 파악을 하고 있다.

회사의 주인은 직원이라는 주인의식 판타지는 블랙 코미디가 될 수 있으니 삼가는 것이 좋다.

직원이 사장에게 신뢰를 보낼 때

카리스마 넘치는 모습을 보일 때, 좋은 레스토랑에서 멋지게 돈을 쓸 때, 남자 직원들 데리고 룸살롱 가서 최신 유행가를 부를 때 직원들이 사장에게 존경과 신뢰를 보낸다고 생각하는가? 물론 그런 것조차 안 하는 것보다는 낫다. 하지만 이벤트로 청혼은 할 수 있지만 결혼 생활을 유지할 수는 없다. 사장이 구성원들 사이에 견고한 신뢰를 받으려면 일관성, 업무 능력 그리고 중용의 판단력을 갖춰야 한다.

먼저 사장의 행동은 예측 가능해야 한다. 그러기 위해선 말과 행동에 일관성이 있어야 한다. 아침에 짜증을 버럭 내고, 퇴근 무렵에 자신은 뒤끝이 없다는 알쏭달쏭한 말을 하며 짐 캐리 같은 장난을 치고 퇴근하는 사장을 직원들은 불안해한다. 회사는 친목 단체가 아니다. 사장은 인간관계에서 발생하는 애매한 상황을 걱정할 필요가 없다. 아침에 화를 낸 이유가 업무적인 문제라면 작든 크든 그 문제 해결을 우선적으로 처리해야 한다. 웃을 상황이 아니면 안 웃어도 된다.

둘째, 인성이 훌륭하더라도 급한 일에 대처하는 업무 능력이 없는 사장이라면 직원들은 신뢰를 보내지 않는다. 스포츠 경기에서 자기가 응원하는 팀의 교활한 반칙도 일단 이기기만 한다면 상황 판단이 빠르다고 칭송하듯이, 법률에 저촉되지 않는 범위에서 행하는 사장들의 임기응변은 중요한 장점이다.

마지막으로 중용을 지키는 현명함도 필요하다. 도올 김용옥 선생은 중용中庸의 중中을 middle(중간)이 아닌 equilbrilum(평형) 개념으로 설명한다. 중용의 중이란 활 과녁의 고정된 중간 점을 말하는 것이 아니다. 접시 돌리기를 할 때 접시가 떨어지지 않고 이동하는 평형점을 말한다. 따라서 중용의 중은 극단과 극단을 쉼 없이 움직이는 변화의 순간, 시간이면서 장소이기도 하다.

"가만히 있으면 중간이라도 간다"란 말을 비즈니스 세계에서는 완전히 틀린 말이다. 수동적이고 정적인 생각으로는 비즈니스는 물론이고 조직을 끌고 갈 수 없다. 사장은 움직여야 한다. 가만히 있으면 안 된다.

성격이 다소 급하고 약간 거칠어도 괜찮다. 왜냐하면 일을 시키고 재촉하는 입장에선 부처님이나 예수님 같은 분이 사장이 되더라도 사무실엔 평화가 있지 않음을 모두 안다. 또 카리스마 있는 척한다고 너무 터프할 필요도, 신사인 척 너무 부드러울 필요도 없다. 어쨌든 일이 돌아가게끔 하면 직원은 사장에게 동조할 수밖에 없다.

이명박 전 대통령도 성공한 기업인이었다. 그는 특별히 할 일이 없으면 삽질이라도 했다. 사장에게는 극단까지 몰아칠 수 있는 용기와 배짱이 필요하다. 그리고 접시가 땅에 떨어지지 않도록 힘 조절을 해야 한다. 중용의 판단이란 정적이고 고요한 상태에서 내린 결정이 아니라, 용기와 배짱으로 에너지를 분출할 때 힘 조절을 하는 것이다.

정리하자면 말과 행동이 일치하고, 어제와 오늘이 비슷해서 내일이 예측 가능하며, 그리고 망하지 않을 것 같은 성실함, 여기에 현명함까지 갖춘 사장에게 직원들은 신뢰를 보낸다.

소규모일수록 수평과 수직의 공존이 필요하다

우리가 흔히 가지는 선입견 중 하나는 한국 사회의 문제점을 수직적이고 경직된 조직 문화로 본다는 것이다. 서구 선진국처럼 유연한 조직으로 지향·발전해 가야 한다고 생각한다. 즉, 수평적이고 평등한 문화가 수직적이고 계층적인 문화보다 더 효율적이고 선진적인 것으로 믿는다.

하지만 미국 회사 내에서 상하 관계는 절대 수평적이지 않다. 상당히 권위적이다. 사장이나 직원이나 서로의 이름을 부르고, 지나가다 툭툭 치는 모습을 보면 다들 친구처럼 보인다. 그래서 아래 직원이 할 말 다 할 것 같지만, 실제로는 상사와 부하 직원의 관계가 엄격하다. "How dare you?(감히 네가?)" 이런 말을 상사들이 곧잘 한다. 그러니 "You are fired(넌 해고야)"란 말이 그렇게 쉽게 나올 수 있다.

내가 경험한 미국 직장 상사들의 갑질은 우리보다 훨씬 더하다. 미국 바이어가 아시아권에서 오면 토요일 오전에 상담을 많이 한다. 상담 도중 자신이 가져온 자료와 다른 이야기 나오면 뉴욕의 담당자에게 바로 전화를 건다. 한국 시각 오전 10시면 뉴욕은 금요일 밤 9시, 10시인데도 전혀 개의치 않는다. 전투적인 확인 과정이 끝나면 상투적인 미안하다란 말을 남기고 전화를 끊는다. 그러다 상담 막바지에 또 확인할 게 생기면 다시 전화를 건다. 전혀 주저하지 않는다.

메릴 스트립과 앤 해서웨이 주연의 미국 영화, 〈악마는 프라다를 입는다〉 속 여자 보스의 갑질은 그렇게 과장한 것도 아니다. 현장에선 말만 부드럽다. 실상은 살벌하다. 맨해튼의 미국 회사는 점심시간이 따로 없다. 주요 업무 시간에 회사 전체의 업무 공백을 허용하지 않기 때문이다. 그래서 샌드위치 하나 사서 먹으며 일하는 사람들이 많다. 미국 회사의 노동 강도는 상당하다. 이런 집중도를 유지할 수 있는 이유는 조직의 수직적인 문화도 한 원인이라고 생각한다.

우리가 지향해야 할 좋은 수평적인 조직은 긴급 상황에서 담당자가 사장 혹은 상사의 지시에 반하는 결정을 내릴 수 있는 조직이다. 그리고 그 결정에 긍정적인 효과가 있다면 상을 주고, 부정적인 결과가 있더라도 그 선택을 존중해 주는 문화가 있어야 수평적인 조직이라고 할 것이다. 리더십이 위로부터는 물론이고 아래로

부터도 가능한 조직이다. 리더십, 별것 아니다. 타인에게 영향력을 행사함으로써 공동의 과제를 효율적으로 완수하는 것이다.

제2차 세계 대전 때 나치 독일의 장군 에르빈 롬멜Erwin Rommel 의 상관이던 하인츠 구데리안Heinz Guderian을 아는 사람은 별로 없다. 그는 기갑사단을 중심으로 한 독일의 전격전電擊戰을 만들고 실전에 활용한 장군이다. 전격적이란 공군 폭격기 지원을 받은 기갑사단을 중심으로 적의 후방에 깊숙이 파고들어 가는 작전이다. 엄청난 속도로 밀어붙여서 적을 양분시키고 수비선을 붕괴시킨다. 그다음 보병이 투입되어 청소하는 전법이다. 폴란드 침공 때 전격전의 파괴력이 확인되었고, 결국 프랑스의 마지노선도 무너뜨렸다. 전격전은 잠도 안 자고 최대한 밀어붙일 때까지 가야 한다. 그러니 매 순간 후방의 명령을 기다릴 수 없어 전방의 지휘관들은 주어진 상황에 따라 적절한 선택을 스스로 해야 한다. 이것을 독일의 '임무형 전술'이라고 한다.

그렇기에 롬멜은 마지노선을 우회해서 벨기에로 자신의 제7기갑사단을 이끌고 신출귀몰 신나게 진격할 때, 자신에게 내린 대기명령을 거부하는 경우가 많았다. 상관의 명령이 잘못된 정보 혹은 오래된 정보에 근거해서 내린 것이라고 판단되면 현장을 다시 파악하고, 스스로 작전을 세워 공격을 감행했다.

수출 물량 선적 시 컨테이너 작업을 밤 10시, 심지어 새벽에도 하는 경우가 많다. 물량이 늦게 준비되어 야간에 검사하는 경우가 있기 때문이다. 만약 야간 작업 중 수출 물량에 불량이 생기면 야간 책임자는 어느 선까지 책임을 지고 선적을 해야 할지 판단을 해야 한다. 내일 아침에 책임 이사나 사장이 나올 때까지 기다릴 상황이 아니다. 그렇기에 다음 날 출근한 사장은 새벽에 내린 담당자의 결정이 최선이었다는 것을 인정해 주어야 한다.

독일식 임무형 전술을 사업에 적용하기 위해서는 사장과 전 직원 간의 수평적인 조직 문화가 필요하다. 하지만 그 전술에는 수평적인 관계만 있는 것은 아니다. 팀장에게는 팀원들을 수직적으로 강제할 수 있는 힘이 주어져야 한다. 롬멜의 제7기갑사단은 며칠 동안 잠을 자고 않고 돌격했다고 한다. 이런 일이 가능하려면 팀장과 팀원이 친구가 되어서는 안 된다.

작은 조직은 특성상 팀원들이 어느 정도 경력이 쌓이면 팀장 등 중간 관리자를 우습게 보는 경향이 있다. 이걸 사장이 잡아줘야 한다. 작은 회사일수록 수직적인 관계가 무너지지 않도록 조심해야 한다.

직원들 흔들지 말라, 멀미한다

작은 회사 직원들은 기본적으로 불안하다. 대기업에서는 흔히 직원들의 군기를 잡는다며 위기 의식을 고취하는 행사와 활동을 정기적으로 한다. 하지만 작은 회사에서는 이런 활동들이 적합하지 않다. 생존을 고민하고 내일을 두려워하는 직원들이기에 위기 의식을 느끼게 하는 것보다 심리적 안정감을 고취하는 게 더 유리하다.

상당수의 직장인은 출근해서 틈만 나면 새로운 일자리를 찾기 위해 취업 사이트에 접속한다. 이런 현상을 구직 중독이라고 한다. 중소기업 직원들에게 만연한 구직 중독이 개인의 단순 일탈은 아니다. 즉, 탐닉성 중독이 아니라 습관적 도피에 가깝다. 신의 직장이라고 불리는 곳에 다니는 직장인조차 지금 내가 하고 있는 일이 진정 찾던 일이라고 생각하고 만족하는 사람이 과연 몇이나 될까? 그러니 작은 회사 직원들의 빈번한 퇴사는 당연하다. 남의 떡이 커 보이듯이, 좀 더 많은 보수를 주고 좀 더 유명한 회사의 주위를 우리 직원들은 기웃거린다. 심지어 현재 하고 있는 일이 싫어 그저 탈출하고자 지금 직장보다 조건이 더 안 좋은 회사로 옮겨 가는 충동적 퇴사도 잦다.

직원을 다그치는 사장의 말 한 마디는 결과적으로 직원이 업무 시간에 잡코리아 사이트를 한 번 더 클릭하도록 독려한 꼴이 된다. 가끔 안일한 태도의 직원들 때문에 사장들은 화가 날 때가 있다. 직원들에게 강한 자극을 줘야 한다고 생각한다. 그런데 어제까지 분주하게 일하던 직원들이 오늘 아침에 갑자기 안일해졌을까? 사실 대부분 직원들은 그날그날의 업무량에 따라 항상 해오듯이 일을 하고 있다. 일이 많을 때와 적을 때 큰 차이가 없다. 다만 사장 마음이 그날 아침에 초조해진 것뿐이다.

직원들은 사장의 눈치를 본다. 회사 상황이 조금만 안 좋아져도 불안해하는 사장을 직원들 역시 지켜보기 때문이다. 작은 회사 사장은 외부 파동을 내부로 증폭하는 역할을 하면 안 된다. 조직이 작은 만큼 몰아치는 파동을 사장이 막아주는 것이, 궁극적으로 회사의 이익이 된다.

화내지 말라

사장들은 화를 자주 낸다. 화는 조절의 대상이다. 직원에게 혹은 거래처에 화내는 것은 상당한 손실을 감내해야 한다. 자제하는 것이 사장 개인에게도 회사 전체에도 좋다.

화를 내는 당신의 태도가 얼마나 계산적이고 위선적인지 알아보고자 한다. 당신의 화를 스스로 충분히 제어할 수 있다고 나는 믿는다. 우리는 화낼 대상이 있어서 화를 낼 뿐이다.

현재 가정폭력 상담사로 일하고 있는 한 중년 여성의 이야기를 방송에서 들은 적이 있다. 그녀 역시 가정폭력의 희생자였다. 그녀의 말 중 가장 인상에 남은 말이 있다. 남편이 처음 가정에서 폭력을 가할 때, 피해자의 순종하는 태도가 제일 위험하다는 것이다.

우리가 화내는 것은 우리 앞의 그 상대가 그 화를 받아주기 때문에 가능하다. 상대편이 나보다 약하고 위치가 낮다고 믿기 때문에 화를 낼 수 있다. 상대편도 그렇게 생각하기에 순종적이 된다. 그런 상황이 반복되면 화를 내는 사람은 점점 자신이 중요한 사람이라고 굳게 믿게 된다. 악순환은 이렇게 시작된다. 술집에서 아무리 화가 나도 옆 테이블의 마이클 타이슨 같은 사람에게 감히 시비를 걸겠는가? 물이 높은 곳에서 낮은 데로 흐르듯, 당신의 짜증을 받아줄 만한 사람에게만 화를 내고 있음을 알아야 한다.

무임승차 대처법

중학교 3학년인 딸이 우울해 보여 그 이유를 물어보니, 학교 조별 과제의 무임승차free riders 때문이었다. 선생님이 새롭게 짜준 조에서 어느 누구도 과제를 할 때 협조하지 않았고, 결국 혼자서 마무리한 딸은 화가 나서 조별 과제 작성자 이름란에 다른 친구들의 이름을 쓰지 않고 제출했다고 한다. 하지만 과제 발표일에 프레젠테이션도 제대로 못했고, 다른 조와 달리 조별 과제 작성자에 친구들 이름 없이 혼자 이름을 올린 것 때문에 친구들 사이에서 이기적인 인간으로 보인 게 매우 속상했단다.

링겔만 효과Ringelmann effect란 것이 있다. 줄다리기에서 한 명의 힘이 100이라고 할 때, 3명을 한 팀으로 동시에 줄다리기하면 총 힘이 300이 아니라 280 정도가 나온다는 것이다. 즉, 사람이 많아지면서 한 명당 평균의 힘이 줄어들었다. 이것이 링겔만 효과인데, 무임승차를 설명하는 실험이다.

이에 반해 호손 효과Hawthorne effect도 있다. 다른 사람의 시선을 인식할 때 작업 능률과 생산성이 향상되는 현상을 말한다. 자신이 관찰되고 있는 것을 인지하면 생산성이 올라간다는 실험 결과이다.

위 학생들의 조별 과제 무임승차를 없애기 위해서는 과제를 마지막 한 번의 발표로 평가하기보다 중간중간 과제 진행 상황을 점검해야 한다. 즉, 호손 효과를 기대하는 것이다. 중간 진행 과정을 확인하는 데 많은 시간을 들일 필요는 없다. 조별 과제에 대한 상황을 각 조의 아무개를 호명해서 간단히 물어서 확인하는 시늉만 해줘도 된다.

이와 마찬가지로 직원들의 무임승차를 막기 위한 방법은 사장의 시선이 항상 모든 이를 지켜보고 있다는 것을 직원으로 하여금 인지시키는 것이다. 링겔만 효과의 실제 실험은 기계를 상대로 줄을 당기면서 측정하였다. 따라서 줄을 당기는 피실험자 옆에서 관찰자가 지켜만 보아도, 혹은 진짜 줄다리기처럼 상대편에도 같은 수의 사람을 붙여 경쟁을 시켜도 링겔만 효과는 거의 사라질 것이다.

직원들 스스로 계획을 세워 실행하고 자율적으로 개인의 최대 역량을 업무에 쏟아붓는 비현실적인 일이 회사에서 일어나게 하기 위해서는, 역설적이게도 사장이 항상 지켜보고 있어야 한다. 작은 회사에서는 이것 외에는 달리 방법이 없다.

뛰어난 직원 한둘보다는 평범한 다수가 우선이다

사장은 뛰어난 직원들이 떠나갈 것에 대해서만 걱정한다. 하지만 어느 조직이든 자기 일을 묵묵히 해내는 다수가 있어야 유지가 된다. 소수 직원들의 뛰어난 성과도 그런 다수가 있기 때문에 가능하다.

1980년대 경영의 신으로 불린 GE 회장 잭 웰치Jack Welch의 무시무시한 정리 해고 방식을 지금도 훌륭한 경영 기법이라 생각하고 적용하는 회사도 많다. 잭 웰치는 상위 그룹 20%에게는 상당한 인센티브를 제공하고, 나머지 다수 70%는 관리 대상으로 분류하고, 하위 10%는 해고 정리하였다. 지속적인 평가를 통해 하위 그룹을 항상 솎아냈다. 이런 하위 그룹에 대한 해고는 자신에게 맞는 일을 빨리 찾을 수 있는 기회를 제공하는 것이므로 모두에게 좋은 것이라고 잭 웰치는 역설했다. 그러나 상위 20%가 나머지 전체를 먹여 살린다는 설명은 대기업 혹은 국가 단위에는 맞는 이야기일 수 있으나 중소기업에서는 그렇지 않다.

중소기업의 일들이란 조금 느린 사람도 어느 일정 시간이 지나면 모두 숙지하게 된다. 그래서 꾸준하게 성실히, 어찌 보면 좀 늦된 직원들이 결국에는 회사의 핵심 일을 맡게 되고, 그것도 아주 잘하고 있음을 늦게야 알게 된다. 묵묵히 일하는 이런 다수를 개개인으로 분석하면 5% 정도 부족해 보인다. 하지만 직원들은 변한다. 외부 환경 변화 속도보다 직원들의 변화 속도가 느려서 눈치채기가 쉽지는 않다. 특정 개인에 대한 선입견을 가지고 있는 경우에는 더욱 어렵다.

사장은 눈치 빠르고 일머리를 잘 파악하는 직원들의 심적 변화에는 상당한 관심을 쏟고 줄곧 안테나를 세운다. 사실 그런 약삭빠른 직원들을 파악하기가 쉽지 않다. 그들이 퇴사하고 난 빈자리를 채우는 과정에서 알게 된 사실은 그들은 패스트 러너faster learner라는 것이다. 사장이 이들의 눈치만 보고, 처우에서도 다수가 인내할 범위를 벗어날 때 다수 직원들이 동요한다. 경계해야 한다. 원래 도적 무리보다 민란이 무서운 것이다.

사장은 부모의 마음으로 개개인의 변화와 성장에 대해 칭찬 피드백을 해야 한다. 참 어려운 일이다. 직원들의 실수는 귀신처럼 잘 잡아내지만 직원들의 성장은 파악하기 쉽지 않기 때문이다. 나무의 나이테처럼 느린 직원들의 성장을 무관심 속에 지나쳐버린다. 사장은 선입견에 갇히지 말고 직원들의 작은 변화도 꿰뚫고 있어야 한다.

선입견, 낙인의 무거움

대기업 회장과 달리 중소업체 사장은 직원들과 매일 한 번씩은 어쨌든 만난다. 10년 이상 동고동락한 직원들이라면 사장은 그들의 입사 초기 모습을 잘 기억한다. 오히려 지금 박 과장보다 10년 전 박 계장, 아니면 박 아무개 씨의 모습이 더 선명할 때가 많다.

예를 들어 친화력이 좋고 추진력이 뛰어난 박 과장은 성격이 꼼꼼하지 못했다. 이런 경우, 사장은 자주 혼내기도 하지만 결국은 박 과장이 올린 서류나 처리한 일을 한 번 더 보게 된다. 심지어 사장이 가장 늦게 퇴근할 경우, 최소한 박 과장 자리에 가서 개인용 난방기라도 혹시 켜져 있는지 체크하기도 한다.

하지만 직원들도 나이 들고, 직장 내 위치가 상승하면서 많이 변한다. 그럼에도 사장은 성장한 직원의 오늘 모습을 잘 보지 못한다. 그러니 월급은 오늘 모습인 부장급으로 주면서 일은 사원이나 대리급 수준의 것을 시킨다. 그러면서도 불안해한다. 사장 개인이 가진 선입견으로 인해 생긴 비효율이다.

재미있는 에피소드가 있다. 개인도 그렇지만 집단도 이런 선입견에 자유롭지는 않다. 이를 설명하는 좋은 사례로 프랑스 문단을 비웃음거리로 만든 러시아계 유대인 이민자 소설가 로맹 가리 Romain Gary가 있다. 그의 작품 속 주인공 중 우리에게도 익숙한 이름이 있다. 바로 모모. 아주 오래되었기는 한데 흥겨운 멜로디와 재미있는 가사의 〈모모〉라는 노래도 유행했기에 많은 이들이 알고 있을 것이다. 로맹 가리가 만든 가상의 작가 에밀 아자르 Émile Ajar의 장편 소설 『자기 앞의 생』속의 주인공, 아랍인 꼬마 이름이다.

　1914년 러시아에서 태어난 로맹 가리는 유대인에 대한 인종 차별을 피해 프랑스로 귀화한다. 2차 세계 대전 때는 프랑스 공군 대위로 참전해서 전쟁 후 드골로부터 레지옹 도뇌르 무공 훈장까지 받는다. 전쟁 중 집필한 『유럽의 교육』이란 소설로 문단에 등단해 주목을 받았으며, 두 번째 소설 『하늘의 뿌리』로 공쿠르상을 받는다. 프랑스의 가장 권위 있는 이 문학상은 한 작가에게는 일생 단 한 번의 수상만이 가능하다. 이후 성공적인 외교관 생활을 유지하면서 작품 활동을 계속해 나간다. 그리고 49세에 여배우 진 세버그 Jean Seberg를 만나 재혼한다. 진 세버그는 2022년 9월에 타계한 장 뤽 고다르 감독의 영화 〈네 멋대로 해라〉의 여주인공이다.

하지만 점점 평단으로부터 한물간 노작가로 외면을 받던 그는 나이 60세에 에밀 아자르란 새로운 필명으로 첫 소설을 발표한다. 그리고 두 번째 소설 『자기 앞의 생』으로 공쿠르상을 수상한다. 결과적으로 로맹 가리는 프랑스에서 유일하게 공쿠르상을 두 번이나 수상한 작가가 된다. 진 세버그의 의문의 자살 이후, 로맹 가리 역시 일 년 후 자택에서 권총 자살을 한다. 그의 유고집 『에밀 아자르의 삶과 죽음』을 통해서 한물간 늙은 작가 로맹 가리와 떠오르는 신진 작가 에밀 아자르가 동일인임이 세상에 알려진다. 그는 이 유고집에서 독자나 비평가들이 선입견 없이 로맹 가리의 소설과 에밀 아자르의 소설을 봤다면 동일인임을 충분히 알 수 있었을 것이라며 프랑스 평단을 비웃었다.

직원들의 이마에 찍어둔 주홍 글씨를 지우자. 요즘은 많은 대기업이 신입 사원 채용 시 블라인드 면접을 자발적으로 실행한다. 왜냐하면 이력서를 보지 않으면 명문대 나온 멍청이를 알아볼 수 있지만, 이력서부터 본다면 지방대를 나온 똑똑이들이 먼저 눈에 거슬릴 테니 말이다. 모든 선입견을 지우고 사람을 다시 보자.

좋은 사장은 좋은 사람이 될 필요는 없다

마키아벨리는『군주론』에서 "군주는 사랑받는 존재보다 두려움의 대상이 되는 것이 백성들을 효과적으로 통제할 수 있다"라고 말한다. 이와 비슷하게 경영자는 사랑보다 두려움을 선택하는 것이 낫다고 생각하는 경영학자가 많다. 인간이란 두려워하는 사람보다 애정을 주는 사람, 어찌 보면 만만한 사람을 더 쉽게 배신하거나 심지어 공격할 가능성이 많음을 굳이 책을 통하지 않더라도 현실에서 자주 목격하곤 한다.

사장은 일터에서나 권위 있는 존재이지 중세 군주처럼 직원들의 생사 여탈권까지 가지지 못한다. 그런데 많은 중소기업 사장이 이런 착각을 하곤 한다. 두려운 존재가 되라는 몇 경영학자의 말을 잘못 이해한 것이다. 어쭙잖게 무게 잡고, 큰소리로 혼내는 것이 필요하다고 생각한다. 하지만 그런 행위들을 한다면 사장은 두려움의 대상이 아니라 경멸의 대상이 된다.

그러면 마키아벨리식 두려운 사장이 되기 위해서는 어떻게 해야 할까? 단순하다. 사랑스러운 사장이 되는 것을 포기하면 된다.

회사 내 최고 관리자, 사장은 규모와 상관없이 그 자체로 존재감이 있다. 그런 존재감은 직원들을 불편하게 만든다. 이런 분위기가 스스로도 부담스러운 사장들은 직원들과 더 친근해지기 위해 격의 없는 즉흥적 행동과 말들을 자주 한다. 하지만 이런 말과 행동은 도움이 안 된다. 당신을 만만하게 보도록 만들 뿐이다. 사장의 개인사, 쓸데없는 가십도 직원들에게 적당히 가려서 이야기하라. 실없는 농담 사이로 사장의 권위가 무너진다.

직원 수도 얼마 되지 않는데 가족처럼 지내야 한다고 믿는 분들이 많다. 실제 많은 사장들이 직원들의 소소한 일까지 챙기곤 한다. 심지어 친구처럼 지내는 경우도 있다. 직원과의 관계도 궁극적으로 인간관계이니 서로 위해 주는 것이 좋을 수 있다. 하지만 그 함의를 직원들은 잘 안다.

사회인들은 성장하길 원한다. 새로운 분야에서 성취도 하고 싶고, 기존의 커리어를 업그레이드하고 싶어 한다. 그런 욕구를 현 직장에서 충족하기 위해서는 회사가 먼저 성장을 해야 한다. 양적·질적으로 모두 발전해야 한다. 대기업은 그 팽창 속도가 빠르고, 내부에 이미 다양한 업무가 상존한다. 이에 비해서 중소기업은 성장하기도 어렵고, 새로운 영역의 비즈니스를 만들기는 더욱 쉽지 않다.

즉, 작은 기업에서 가족 같은 분위기를 조장하는 것은 직원의 성장을 향한 욕구를 원초적인 인간관계로 덮으려는 장치에 지나지 않는다. 우린 사랑하는 가족 같은 관계이니 개인의 발전만 고민하지 말고, 회사를 위해서 주어진 일만 오랫동안 하라는 사장의 마음이 숨어 있다. 그런 것은 쉽게 들킨다. 성장하지 않는 피터 팬처럼, 사장은 그가 입은 녹색 레깅스처럼 웃기는 존재가 된다.

마키아벨리의 생각을 당신 회사에 적용하고 싶다면 먼저 직원과 적당한 거리 두기를 해야 한다. 직원들과 굳이 친구가 될 필요는 없다. 사랑과 우정이 넘치는 고용 관계란 없다. 사장은 상대편에게 아무리 공평하고 친절해도 누군가의 미움을 받게 되는 존재란 걸 받아들이자.

배수진 전법은 약한 자의 전법이다

원래 배수진은 중국 한나라 유방의 대장군 한신이 강을 등지고 진을 쳐서 병사들이 물러서지 못하고 힘을 다하여 싸우도록 함으로써 초나라의 군사를 물리쳤다는 데서 유래한다. 반대로 배수진을 선택한 상대편, 극한 상태의 대상자와 싸우면 승패를 떠나 아군의 피해는 커진다. 빠른 기동력으로 포위 전술을 잘 활용하는 몽골군이라도 이미 포위된 적군에게는 항상 도망갈 출구를 만들어준다. 공포심에 질린 적들이 먼저 살고자 만들어준 출구로 도망가면서 적군의 진영은 자동 붕괴된다. 적군을 전멸하고자 출구를 봉쇄하면 아군의 피해도 커진다는 것을 몽골군은 알고 있었다. 배수진은 임전무퇴의 전략이다. 이겨도 아군의 피해가 상당하다. 그러니 상대편이 이미 배수진을 치고 공격을 시작하면 여유 있게 진행하라. 시간을 끌고 가는 게 좋다. 불을 보듯 뻔한 큰 충돌을 굳이 할 필요는 없다.

해고까지 고려할 정도로 큰 사고를 친 직원이라도 너무 코너로 몰지 말라. 직원이 미안해하는 마음이 최대한 남아 있을 때 속전속결로 양보하는 차원에서 결론을 보는 것이 좋다. 그런데 이런저런 이유로 최악까지 갔다면, 그 직원은 이미 회사에 대한 미안한 마음보다 적개심이 불타오르고 있을 것이다. 그럴 때는 장기전으로 가는 게 좋다. 이미 마음이 떠난 직장에 나오는 것은 사실 괴롭다. 한 달 정도 지나면 대부분 힘든 오늘의 투쟁보다는 뜨거운 내일의 희망을 선택한다. 스스로 다른 직장을 찾아갈 수 있도록 퇴로를 만들어주는 것이 좋다.

애플에서 언론을 상대하는 책임자 앤디 커닝엄Andy Cunninghamc (『Get to Aha』의 작가)이 유튜브에 나와서 인터뷰한 것을 본 적이 있다. 그녀의 말을 간략히 정리하면, 어느 날 스티브 잡스와 재무책임이사가 함께 있는 방에 호출이 되어들어갔다. 다혈질의 잡스는 그녀의 일 처리 방식을 문제 삼더니 그 자리에서 해고를 해버린다. 당황한 그녀는 어쩔 줄 모르고 있다가 얼마 후 스스로 가진 강점을 고민하고 다시 잡스와 대면 상담을 요청한다. 애플에 근무하는 오랜 시간 동안 미국의 다양한 매체 책임자들과 쌓아온 친분, 스티브 잡스 개인에 대한 소문과 진실을 알고 있다는 것을 무기로 잡스를 위협했다. 그러자 잡스는 바로 그녀를 재고용했다.

직원들의 건방진 말투나 행동에 대해 대부분 사장들은 참지 못한다. 위 상황처럼 대들면 대부분 사장들은 감정을 쥐어짜는 듯한 격한 반응을 한다. 하지만 잡스는 자신에게 논리적이고 위협적인 방식으로 대든 그녀의 무기를 인정했다. 사장과 직원 간에 갈등이 생긴다면 임전무퇴 화랑도 정신으로 직원들과 맞서는 것은 사장의 바람직한 전법이 아니다. 이겨도 상처만 남는다.

작은 조직이라도 다양한 사람들이 있어야 한다. 사장 눈치만 보고, 자신이 하는 일에 대한 프라이드도 없는 순한 양 떼를 데리고는 전쟁을 할 수 없다. 적의 목을 물고 놓지 않을 충혈된 눈의 늑대 타입 전사도 필요하고, 자기 것만 챙기는 얄미운 여우 같은 직원도 필요하다. 이들의 공격성은 외부로 향하게 하고, 회사 내부 공간은 목가적으로 만들 수 있는 사장의 전략이 필요하다.

사장의 지식과 직원의 노하우

사장은 조직을 관리하면서 지식을 축적한다. 직원은 일을 통해서 노하우를 습득한다. 비유하자면 사장이 수영팀 코치라면, 직원은 수영 선수라고 볼 수 있다. 코치는 최신 스포츠 논문이든, 전통 교과서에서 배운 것 중 자신이 선호하는 방식을 정해 선수들을 훈련시킨다. 이런 과정을 통해 선수들이 보여준 성과를 데이터베이스화한다. 이렇게 축적된 정보는 지식이 된다.

노하우는 선수가 몸으로 익힌 내용을 말한다. 직접 해봄으로써 체화되는 과정을 경험한다. 반복된 훈련과 경험을 통해서 개개인은 노하우를 습득하게 된다. 수영 선수들은 비기가 적힌 책 몇 권 읽었다고 수영을 갑자기 잘할 수는 없다. 노하우는 지겨운 반복 과정을 통해서 얻어진다.

이와 마찬가지로 오랜 업무에서 습득한 직원들의 노하우를 사장들이 간과해서는 안 된다. 특히 작은 기업일수록 오래 근무한 직원들 중에 업무의 노하우뿐 아니라 회사 경영 전반에 대한 지식까지 습득한 이들이 많다. 그래서 어떤 거래처는 상대편의 사장보다 특정 직원을 더 선호하고 심지어 더 신뢰한다.

독립 영화 같은 저비용 영화에서는 감독이 직접 주연까지 하는 경우가 많듯이, 직원 30명 미만의 회사 역시 사장이 감독, 주연을 겸하는 경우가 많다. 그런데 어울리지도 않는 연기력으로 모든 영화마다 감독이 무리하게 주연 역할을 하면 안 되는 것처럼, 프로젝트마다 사장이 주인공을 다 할 필요는 없다.

전반적인 지식은 사장이 조금 더 알고 있더라도, 각 업무와 프로젝트에 어울리는 노하우를 가진 직원들이 있다. 맡겨보라. 성과가 나오면 직원이 가진 노하우를 칭찬하고, 혹 결과가 좋지 않더라도 격려하라. 만약 사장이 직접 했다면 99% 결과가 더 안 좋았을 것이다. 주변에서 말을 안 해 사장만 모를 뿐이다.

연봉 협상에서 모두 승리하는 법

사업을 한다는 것, 즉 비즈니스는 기본적으로 욕심을 바탕으로 이루어지는 사회적인 활동이다. 직원 역시 자본주의 내에서 살아가기 급급한 개별 경제적 주체이다. 양쪽 다 돈에 대한 필요와 욕심이 사장과 직원 관계를 만든 근본적인 동인임을 인정하고 시작하자. 그러면 일단 불필요한 감정을 제거할 수 있다.

사회 초년생은 업종과 상관없이 친구들이 받는 연봉 중 가장 높은 금액을 자신의 연봉 기준으로 삼는다. 대리부터는 업계 내 최고 연봉, 부장부터는 자기가 받은 연봉 중 최고 금액이 기대치이다. 일반적으로 고용주와 피고용인 둘이 마주 앉아 연봉을 협상할 때 동대문시장에서 물건 사듯 쉽게 결정하지는 않는다. 내 경험뿐 아니라 주변에 물어봐도 비슷하다. 한 사무실에서 좋든 싫든 부딪히면서, 같은 배를 탄 동료들이다. 사장은 직원에 대해서, 직원도 사장에 대해서 기본적인 배려를 하기 마련이다. 직원은 자신의 신성한 노동의 대가를 알아서 좀 챙겨주지 하는 기대심으로, 사장은 직원이 고맙기는 한데 회사 사정을 알아주었으면 하는 희망을 가지고 협상에 들어간다.

한국의 직장인들은 보통의 경우 단체 협상이 아닌 개별 협상에서는 전체 금액만 맞추면 디테일에 대해서 잘 점검하지 않는다. 중국인과 비교하면 돈에 대해서는 두루뭉실한 편이다. 사장도 비슷하다. 그래서 작은 회사라도 임금에 대한 매뉴얼을 먼저 만들어 두는 것이 좋다. 어렵게 생각하지 말고, 인터넷에 있는 내용을 참고하고 다운로드해 사용하라.

이런 것까지 직원들에게 물어보는 우를 범하지 말라. 스스로 찾든가, 아니면 네이버 지식인에게 물어보든 그건 사장의 권한이다. 회사의 기본적인 직급과 연봉 인상에 대한 기본 가이드라인을 만들어 공개하라. 흔히 월급과 승진이 직장 생활의 모든 것이라고 하지만 대기업 직원들이 승진에 집착하는 만큼 중소기업의 직원들은 승진에 대해서 그렇게 중요하게 생각하지 않는다. 승진보다는 연봉에 무게 중심을 두는 사람이 많다.

연봉 협상 자리에는 흔한 패턴이 있다. 사장은 먼저 회사의 어려운 사정을 호소한다. 심지어 지난해 최고 매출을 올렸음에도 회사란 게 보이는 것이 다는 아니라면서, 항상 어렵다고 강조해 말한다. 마치 너와 나의 인생처럼. 협상의 중간 즈음에 직원의 희망 연봉 등 디테일한 내용을 주고받은 후, 어느 정도 큰 그림이 그려지면 사장은 한 번 더 태클을 건다. 너에게만 이 정도를 맞춰주면 다른 직원과 형평성에 문제가 생긴다고 난색을 표한다.

이런 협상 패턴은 기원을 확인할 수 없을 정도로 오래된 것이다. 막 대학을 졸업한 신입처럼 사회 경험이 별로 없는 직원들에게는 먹힐 수 있지만, 어느 정도 직장 경험이 있는 경력자에겐 효과도 없다. 이런 패턴에 익숙해져 다들 방어력을 가지고 있다. 이로 인해 서로 툭툭 던지는 공격적인 말에 감정만 쌓이는 경우가 많다.

난 이렇게 제안한다. 사장은 직원의 머릿속에 있는 연봉의 최대치와 최소치를 알고 있다. 최대치는 그 직원의 경력에 따라 달라짐을 앞에서 언급했다. 만약 대리라면 업계 최고 수준이 그 친구의 최대 기대치일 것이다. 그리고 최소치는 당신이 이미 회사 자료로 만든 직급과 연결된 연봉일 것이다.

움직일 수 있는 범위가 그 정도임을 직원도 다 안다. 서로들 부처님 손바닥 안이다. 협상 테이블에서 만나기 전에 담당 직원이 원하는 금액과 왜 자신이 그렇게 받아야 하는지 그 이유(지난해 보여준 퍼포먼스의 디테일과 함께)를 글로 정리해 달라고 요청해 보라. 그리고 사장도 비슷한 형식으로 그 직원에게 줄 수 있는 연봉과 지난해 잘한 일과 아쉬웠던 것들을 정리해서 서로 보여주고 확인하는 과정을 가져보라. 이렇게 하기가 쉽지는 않는데, 상대편의 글을 서로가 소리 내어 읽는 것도 괜찮다고 생각한다. 연봉 협상의 자리가 색다를 것이고, 협상자 모두 서로에게 필요한 존재란 것을 확인할 수도 있다.

성과에 대한 피드백, 인센티브 지급 노하우

성과급 제도, 성과급의 종류 등 학술적이고 이론적인 이야기는 인터넷이나 유튜브에 넘쳐난다. 나는 보다 현실적인 이야기를 하고 싶다. 중소기업 성과급의 본질은 업무에서 훌륭한 성과를 이룬 직원을 대상으로 하는 게 아니다. 회사가 올해 달성한 성과를 얼마까지 직원들과 나누어 가질 것인가 하는 사장의 마음가짐이다.

주는 놈 마음이다. 고금을 통틀어 이건 진리다. 이게 시작과 끝이다. 그런데 그 마음이란 게 아침 다르고 저녁 다르다. 지난달 월마트 오더를 받기 위해서 고생한 직원이 안쓰럽고 고마워 더 챙겨주려고 했다가, 오더 진행 중 약간의 사고로 손실이라도 나면 그 직원은 전생의 원수가 다시 태어나 나를 또 괴롭히는 고약한 놈이 된다.

앞에서 언급했듯이 직급별 연봉 관련 자료는 회사 규정으로 만들어 두는 것은 좋다. 하지만 연봉 외 추가적인 성과급에 대해서는 규정을 만들지도 말고, 구두로도 공식화하지 말라.

흔히 매출이 얼마가 된다면 어떤 성과급이 나갈 것이다, 아니면 세후 이익이 얼마가 되면 관리직 포함해서 이익의 몇 퍼센트를 성과급으로 줄 것이다. 이렇게 조건과 단서를 단다. 그런데 시간이 지나고 나면 사장은 조건문의 조건과 단서만 기억하고, 직원은 그 결과물인 성과급 액수만 기억한다. 그러니 이런 조건문 규정은 만들지 않는 게 좋다. 일을 잘하기 위해서 만든 것들이 오히려 갈등만 초래한다.

그런데도 사장은 조건적 인센티브에 대해 말을 하고 싶어 한다. 특히 술자리에서 자주 한다. 최대한 억제하시는 게 좋다. 직원들은 만취했더라도 사장이 말한 인센티브 금액은 다음 날 똑똑히 기억하고 있다.

마키아벨리의 『군주론』에 이런 대목이 있다(17장).
"인간이란 어버이의 죽음은 쉽게 잊어도 재산상의 손실은 좀처럼 잊지 못한다."

사장의 입에서 인센티브 금액이 언급되는 순간, 그 돈은 이미 내가 받아야 할 돈이 된다. 설마 당신은 혹시 이런 걸 기대하는가? 사장의 성과급 이야기를 듣고 난 후 직원이 스스로 부족한 점을 점검하고 역량을 모아서 사장이 설정한 목표에 기여하는 훌륭한 직원이 될 것으로? 당신 스스로도 웃기는 그런 이야기를 직원들에게는 버젓이 해왔던 것이다.

사장이 회사의 성과를 직원들과 나누려고 한다면 어떻게 하는 게 좋을까? 그냥 많이 주는 것이다. 굳이 분류하면 두 가지 방식이 있다. 일 년에 한 번 정도 몰아서 주는 경우, 아니면 명절이든 분기별로 자주 나누어 주는 경우다. 둘 다 장단점이 있다.

한꺼번에 많이 주는 경우는 그 금액이 직원이 예상하는 것보다 더 많다면 효과가 분명 크다. 그런데 예상하는 것보다 적다면 직원은 그 차액을 사장에게 뺏긴 것으로 생각한다. 그래서 자주 나누어 주는 것을 추천한다.

어떻게 주는 게 좋을지 가이드라인은 없다. 그냥 주면 된다. 돈으로도 주고, 백화점 상품권으로도 주고, 선물로 줘도 된다. "사장님, 지난달에 이것저것 많이 받았으니 이번 달에는 더 안 받겠다"고 하는 직원은 단군 이래 없다. 혹시나 걱정하는 돌발 상황은 5천년 넘게 생기지 않았다. 그러니 능력껏, 재주껏 줘라. 이렇게 준다고 줬지만 연말에 정산해 보면 직원들에게 나누어 준 게 얼마 안 되는 것을 보고 놀란다.

다시 원점이다. 주는 놈 마음이다. 문제는 하나도 안 나누어 주려고 하는 사장들이다. 이런 인색한 사장들이 다수다. 앞으로 회사가 더 어려워질 것 같아서 등등 이유도 많다.

현대 사회의 직원들은 거주 이전의 자유가 허용되지 않았던 농노가 아니다. 아주 쉽게 떠난다.

주저주저하는 해적은 없다

오래전 애플의 매킨토시 개발팀 구호가 '해적이 되자'였다고 한다. 인원은 열 명 정도. 이 정도 규모의 조직은 어떤 틀에 갇혀 있으면 안 된다. 오전에 아이디어가 떠오르면 바로 회의를 하고, 점심을 먹은 뒤 실천 전략을 짜고, 오후에 실무에 투입할 수 있을 만큼 유연한 사고와 속도를 가져야 한다.

축구 시합에서는 수많은 골 장면이 나온다. 골을 만들어 내는 유형을 구분할 수는 있지만 사람 얼굴만큼이나 각각의 골은 모두 다르다. 슛 기회를 가진 선수가 감독을 바라보며 "지금 슛을 할까요?" 물어본다고 가르쳐줄 수도 없다. 그런데 아쉽게도 상당히 많은 중소기업이 골대 앞에서 슛을 해야 하는 순간에 묻고 답하는 실수를 자주 범한다.

사업에 정석은 없다. 기발한 아이디어를 가지고 기존 사업에 적용하려거나 새로운 사업을 기획하면 백의 백, 주변의 모든 사람은 이런 말을 한다.

"이런 생각을 너만 했겠니? 남들 다 안 하는 이유가 있어!"

많은 사람들은 관행적으로 사업을 한다. 업계의 오래된 관습대로 장사를 한다. "왜?"란 질문은 좀처럼 하지 않는다. 그러니 새로운 아이디어가 나오지도 않고, 나온다고 하더라도 적극적으로 받아들이지 못한다. 당신이 생각한 좋은 아이디어를 다른 경쟁사에서 아직 안 하고 있는 이유는 특별한 게 없다. 그런 좋은 생각을 아직 못 했든지 아니면 실행력이 떨어지는 경우다. 이것저것 진지하게 고민해서 안 하는 사업은 없다. 흔히 그런 사업 생각을 못 했다면 사람들은 현실성이 없다고 말하고, 실행력 부족은 보통 사업성이 없다고 둘러댄다. 근본적으로 귀찮은 것이다. 다들 지금 하고 있는 일과 그 방식을 해내는 것도 버겁다.

리더십은 조직원들의 에너지가 최대한 한 방향으로 모아지도록 하는 총괄적 행위이다. 그러나 사장 한 사람의 머리에서 나올 수 있는 생각도 한계가 있고, 사장 한 사람이 적극적으로 밀어붙일 수 있는 에너지도 한계가 있다. 해적은 한 명의 리더가 나머지를 끌고 가는 조직이 아니다. 한 명이 지치면 스톱이 되거나 속도가 갑자기 떨어지는 조직이 안 되도록, 그날따라 에너지 넘치는 친구가 그날의 리더가 되는 유연성이 필요하다.

해적은 주저주저하면 안 된다. 머뭇거리는 순간, 보물을 실은 배는 멀리멀리 떠나간다. 그걸 지켜만 보는 건 상당히 고통스럽다.

작은 회사의 업무에서 필요한 건 다이내믹이다

대기업은 업무가 프로세스적이다. 이에 비해 중소기업은 개인에게 주어진 업무가 어쩔 수 없이 태스크 위주이다. 한 명이 북도 치고 장구도 쳐야 한다.

중소업체들은 영업팀 A과장이 하는 일을 정확히 파악을 못 한다. 그래서 결과 위주, 실적 관리에 초점을 둔다. 사장이 담당자 보고에만 의지해 현장 파악이 가능하다면, 영업팀 A과장은 자신의 업무를 점점 공유하려고 하지 않는다. 왜냐하면 대기업 직원과 달리 업무 경험과 노하우를 순전히 개인의 노력으로 취득한 것이고 그렇기에 개인의 자산이라고 생각한다. 자기만 알고 있는 노하우와 정보야말로 회사 내에서 자신의 입지를 다지기 위한 좋은 무기이기 때문이다.

중소기업 경력직들은 신입 직원이나 부하 직원들에게 업무를 가르치기는커녕 업무 분담도 하려고 하지 않는다. 그래서 태스크 업무 기반인 중소기업은 더욱더 업무 분담 네트워크를 필요로 한다. 사장이 강제적으로 업무 공유를 요구하고 점검해야 한다. 그런데 직원들은 뭘 하는지 항상 바쁘기만 하다. 이런 직원들에게 "알아서 업무 분담해"란 말은 잘 먹히지 않는다. 충원을 하자니 부담이 된다. 그러면 방법이 없다. 사장이 중간에 업무를 공유하고, 사장이 다른 직원 혹은 신입 사원에게 다시 전달해야 한다. 작은 회사에선 가능하다.

주방이 흔들리면 사장이 앞치마 두르고 주방으로 들어가야 한다. 사실 사장만이 가능하다. 담당자의 보고를 받기 전에 전체적인 업무를 파악하고 있어야 한다. 왜냐하면 당신의 회사는 대기업이 아니기 때문이다.

중소기업 조직의 특성은 관료 조직과 비교하면 뚜렷한 차이점을 쉽게 이해할 수 있다. 공무원은 매년 큰 변화 없이 한 해 한 해 주어진 업무를 적당히 완수하면 된다. 실수만 안 하면 된다. 더 잘해도 표가 안 난다. for가 아닌 against 조직이다. 그래서 규율과 규칙이 많다. 만에 하나 생길 수 있는 문제가 발생되지 않도록 하기 위한 장치들이다.

중소기업은 크든 작든 문제의 발생을 막을 방법이 없다. 생존이 결국 그런 문제 해결의 여정이다. 직원들의 맞춤법, 서류 작성 시

실수 등등, 부주의한 것에 대해서 가끔 언급해서 주의를 줄 수 있다. 하지만 그런 소소한 잘못에 호들갑 떨 필요가 없다.

작은 조직에서 필요한 것은 다이내믹이다. 무사안일하고 실수를 두려워하는 소극적인 직원보다, 그래도 뭔가를 이리저리 찔러보는데 뒷수습이 안 되는 직원이 오히려 작은 조직에는 필요한 인물이다.

기존 업무 방식에서 결함이 발견되었을 때, 거대 관료 조직은 보통 덮어버린다. 그러다 점점 더 불편해지면 이를 완화할 목적으로 한 보완팀을 조직에 추가한다. 하지만 소기업은 그 결함이 오전에 언급된다면 오후까지는 내부적으로 해결을 해야 한다. 그래야만 생존할 수 있다.

거대 관료 조직의 슬기로운 직장 생활이 모두 알고 있는 것을 더 자세히 아는 것이라면, 중소기업의 사장과 조직원들은 아무도 몰랐던 문제점과 결함을 찾아내고 우리만의 방식으로 솔루션을 찾고 시도하는 것이다.

이인자는 필요한가

웅칸의 기습 공격에 겨우 목숨을 구한 칭기즈 칸은 도망쳤고, 발주나 호수에 이르렀다. 그의 곁에는 19명이 남아 있었다. 친동생 카사르 외 18명은 부족도 종교도 달랐다. 그렇지만 칸을 믿고 발주나 호수까지 따라왔다. 호수의 흙탕물을 같이 마시면서, 칸은 운명 공동체가 됨을 맹세한다. 이를 몽골 역사에서는 '발주나의 맹약'이라고 한다. 그리고 그들은 곧 라이벌 자무카 세력을 제압하고 몽골의 지배자가 된다. 19명을 대상으로 칸은 대리인을 내세워 말하지 않았다. 한 명, 한 명을 마주 보며 직접 이야기했고, 메시지를 전달했다. 이렇듯 작은 회사는 사장이 직접 직원들과 교류해야 한다.

직원이 10명 이상이 되어도 자연스럽게 이인자가 생긴다. 인간인 이상 오래 근무한 직원, 동성 직원 등 편한 상대가 있기 마련이다. 사장이 어떤 문제가 있을 때마다 특정인을 찾는다면 회사는 이인자 시스템으로 전화되고 있는 중이다. 경계해야 한다. 작은 회사의 사장은 누구도 배석하지 않은 상태에서 개별 직원과 일대일 미팅에 익숙해져야 한다.

흔히 회사에 이인자가 필요하다는 말도 한다. 사장이 회사에서 인상 쓰는 일은 하기 싫다는 것이다. 직원을 내보내야 할 때, 싫은 소리를 해야 할 때 사장이 직접 하기보다 회사 내 대리인을 통해서 처리하고 싶을 것이다. 하지만 이건 사장의 직무 유기다. 직원 30명 미만의 회사에선 인력 이동과 배치 그리고 쓴소리는 사장의 가장 중요한 업무다.

내 경험상 대기업과 달리 중소기업 이인자는 조직 내에서 인정도 받지 못한다. 사장의 그림자 정도로 취급당한다. 결과적으로 불필요한 고비용 직원을 두는 것이다. 다만 지방 사무실처럼 사장이 상근하지 않는 경우에는 그곳 책임자에게 사장의 권한을 상당 부분 위임해서 믿고 맡기는 것이 좋다. 이때 사장과의 인연과 친밀도보다 그 직원의 성향을 더 중요하게 봐야 한다. 작은 신뢰도 중시하는 성향, 조금 답답할 수도 있는 보수적인 성향의 사람을 추천한다. 아주 주관적인 경험에서 나온 생각이니 참조만 하기 바란다.

기억해야 할 것은 이인자는 동업자보다 더 어려운 존재이다. 동업은 전략적 도원결의라도 하지만 고용 관계에는 엄연한 벽이 있다.

내 직원의 부정행위를 막는 법

직장 내 부정행위는 과다 비용 청구, 거래처에 금품 요구, 진행할 오더를 다른 업체에 돌리고 커미션을 챙기는 행위, 회사 재고 자산 부당 처리 등이 있다. 이렇게 생긴 돈은 매우 달콤하다. 고액 연봉을 받는 사람들도 이런 직장 내 부정행위를 많이 한다. 나의 경험을 보면, 중소기업에는 이런 부정행위가 만연해 있고 심지어 자연스럽다. 이에 비해 대기업 직원들은 이런 부정행위를 부끄러워하는 심리가 강하다. 설사 그런 기회가 오더라도 스스로 제어를 많이 한다. 대기업에선 팀원들끼리 서로 견제하는 눈이 많아서 부정행위가 비교적 적은 것 같다. 업무 자체가 프로세스적이므로 한 가지 업무를 여러 명이 공유한다. 그에 비해서 태스크 업무 위주인 중소기업은 한 사람이 업무를 독점한다. 그래서 스스로 일하고 남은 부스러기 정도로 생각해 죄책감을 그다지 못 느낀다. 그만큼 동료는 가깝고 사장은 먼 존재이다.

직원의 부정행위를 막는 방법이 있다. 일단 앞서 말한 호손 효과를 활용하는 것이다. 모든 거래, 거래처, 재고를 정기적으로 사장이 확인하고 그 내용을 전체 직원들에게 공유하라. 이번에 거래처 사장 누구를 만났고, 이런 이야기가 나왔고, 다음 달부터 납품 가격을 3% 인하해 주기로 했다 등등.

두 번째, 직원들끼리 서로 견제하게 하는 방식이다. 사무실 레이아웃을 팀끼리 모아두고, 그들만의 공간을 만들어주는 것이 옆자리 동료의 부정행위를 막는 데 가장 효율적이다. 만약 팀 전체가 해먹으면 어떻게 하냐고 걱정할 수 있는데, 사장이 일 년 이상 회사를 비우지 않는 한 가능성이 낮다.

어느 시대, 어떤 조직이든 인간에게 하지 말라는 금기로 도덕심을 향상시킨 적은 없다. 더욱이 돈이 움직이는 집단인 회사가 엄마 아빠도 하지 못한 인성 교육을 할 수도 없다. 그림자처럼 조직원의 모든 것을 파악하고 있다는 회사 분위기가 조직을 건강하게 만든다.

사장은 가끔 소시오패스가 되어야 한다

사장은 아주 가끔 소시오패스가 되어야 한다. 우리가 제공한 물건에 하자가 생겨 오더를 준 업체가 손실을 입었다면 오더를 밀어준 담당자가 곤란해진다. 그의 직속 상사 및 이사에게 매일 몇 번씩 불려가 고달픈 경과 보고를 해야 하고, 손실이 확정되면 성과급은 물론이고 진급에도 문제가 생긴다. 직장인들이 가장 피하고 싶은 경우이다. 직장인의 소망은 무탈하게, 마음 편하게 회사 다니는 것이다.

더욱이 거래처 담당자를 서로 잘 알고, 오래된 신뢰 관계까지 있다면 문제를 일으킨 공급자로서는 마음이 매우 무거워진다. 문제 해결 과정에서 거래처 및 우리 쪽 담당자들 모두 상당한 스트레스를 받는다. 하지만 사장까지 감정이입이 되어서 같이 마음고생을 할 필요는 없다. 이미 벌어진 일이다. 그렇다면 해결은 차가운 머리로 해야 한다. 아프고 뜨거운 가슴으로 할 수 있는 것은 저녁에 소주 한잔 같이 하는 것뿐이다.

문제 해결을 위해 몇 주째 야근하는 거래처 책임자가 급히 결정을 해야 할 일이 생기면, 공급상 사장에게 바로 전화로 찾을 때가 있다. 단어 단어마다 짜증이 묻어 있다. 그로선 당연하고 나로선 못에 긁히듯 따갑다. 하지만 성심껏 상대편에게 미안하고, 너보다 더 힘들게 해결하고자 노력하고 있다고 따뜻한 말만 하면 된다. 그리고 사장은 집에 가서 다 잊어버리고 밥 잘 먹고, 숙면을 취해야 한다. 그래야 다음 날 다시 난관을 헤쳐 나갈 수 있다. 어떤 문제라도 해결만 되면 결국에는 다 웃는다.

그리고 사장은 업무에 압도당하면 안 된다. 거래처들은 일할 수 있는 양을 조절해서 연락하지 않는다. 나쁜 소식처럼 일감도 한꺼번에 몰려온다. 순식간에 처리해야 할 일이 폭증하면 일의 중요도를 몰라 혼란스럽다. 이미 안절부절못하고 있다면 그 상태로 10분 이상을 보내지 말라. 왜냐하면 일의 진척도 없고 업무 착오를 할 가능성이 높기 때문이다.

먼저 5분 정도 스위치를 끄고 정보를 차단하라. 지금 생각나는 것 중 급하고 중요한 것부터 펜을 들고 노트에 정리하라. 그러면 처리해야 할 업무 내용이 나에게 중요한 것인지, 상대편에게만 중요한 것인지 냉정하게 판단할 수가 있다. 촌각을 다투는 급한 건들도 거래처 직원의 타고난 성격으로 인한 것인지 늦어진 업무 처리가 경제적 불이익으로 이어질지 구분할 수 있다. 경험상 우선순위로 올라온 일들의 많은 경우가, 상대편의 숨 넘어가는 목소리와 애절한 부탁 때문이다.

차가운 머리로 정리한 목록에서 우선순위를 정하고, 사장이 처리해야 할 것이 무엇인지 분류해 보라. 그다음 관련 담당자들과 돌아가면서 간단히 미팅을 가지면 효율적이다. 그렇지 않으면 직원들 역시 대부분은 보채는 거래처의 업무를 우선적으로 하고 있을 것이다.

직원의 의견은 참고용일 뿐

사업이란 무대 위 공연은 처음부터 끝까지 사장이 채워 넣어야 한다. 솔직히 모두가 구경꾼이다. 무대 아래를 보면서 "너는 왜 구경만 하냐?"고 불평한다면 당신은 하수다. 원래 '굿이나 보고 떡이나 먹을 생각으로' 모여든 사람들이다.

충직하게 일하는 직원에 대해서 사장이 착각하는 경우가 있다. 오판하지 말라. 당신이 생각하고 고민하는 문제를 직원들은 그다지 고민하지 않는다. 그들의 고민은 현안을 해결하는 것에 있기보다, 회사 내에서 자신의 위상을 어떻게 올리냐는 것이다.

중국 춘추 시대 말기의 한비가 지은 책으로 형벌의 이름과 방법을 논한 『한비자韓非子』는 군자와 신하의 관계에 대한 진실을 많이 보여준다. 아래 제19편 '식사飾邪'의 한 구절이 그중 하나이다.

害身而利國 해신이리국 臣不爲也 신불위야

害 國 而 利 臣 해국이리신 君 不 爲 也 군불위야

"자신의 몸을 해쳐가며 나라를 위하는 신하 없고, 나라에 해를 끼
치며 신하를 위하는 군주 없다."

사장 본인이 이미 결론을 낸 사안에 직원의 의견을 구하는 시늉
을 하는 것은 좋지 않다. 굳이 그렇게 눈치 볼 필요 없다. 직원들도
사장이 마음대로 하는 줄 안다. 또한 직원들의 뻔한 답이 예상되는
경우라면 사장이 알아서 정하고 발표하는 게 더 효율적이다.

젊고 의지가 불타는 사장일수록 창업 당시부터 같이 시작한 직
원들에게는 직원 이상의 감정, 흡사 동업자처럼 배려하는 경우가
많다. 회사가 이들과 같이 성장할 수 있을 것이라고 생각한다. 물
론 그런 경우가 없다고 할 수는 없지만 대부분 직원들은 불가피하
게 몇 년 단위로 바뀐다. 막 태어난 회사는 직원보다 성장이 대체
로 빠르기 때문이다. 의욕이 넘치는 사장과 달리 직원들은 입사해
서 시작한 그 일, 그 방식을 고집한다.

사업 시작 때부터 업무에 충실했고, 회사의 시스템을 만드는 데
큰 기여를 한 A가 있다고 하자. 사장은 A를 그냥 최대한 오래 잡
아두고 싶을 것이다. 하지만 고참이 된 A는 어느 순간 꼰대로 변한
다. 갓 입사한 직원들을 붙잡고 창업 초기에 사장과 단둘이서 지금

10명이 하는 업무보다 더 많은 일을 했다고 강조하면서 직원들을 힐난한다. 그러고는 자신이 해온 업무 방식만을 고집하기도 한다. 사장의 새로운 시도도 불필요하다며 저지하는 경우까지 생긴다.

아쉽지만 사장은 결정을 해야 한다. 개개 직원들에 대한 사장의 애정도 필요하다. 하지만 회사는 종교 단체가 아니다. 사랑만으로는 해결할 수 없다. A가 퇴사를 한다고 하더라도 너무 걱정할 필요 없다. 항상 A′, A″가 와서 그 일을 하도록 환경을 만들어주면 조직은 돌아간다. 사장은 '특정인 A'보다는 'A 부류'들이 항상 A의 일을 더 잘할 수 있도록 만들어줘야 한다.

사람이 바뀌었다고 회사가 더 발전하거나 퇴보하거나 하는 것은 담당자의 문제가 아니라 관리자의 능력이다. 직원들의 의견은 어디까지나 참조용이다.

만장일치가 위험한 이유

회의 시 만장일치가 나왔다면 두 가지 경우다.

첫째, 사장이 실제로는 직원들의 의견을 구하는 것이 아니라 호응만을 강요했을 때이다. 결과적으로는 기존의 생각과 행동에 호응과 지지만을 구하는 당신의 말을 누구도 귀 기울여 듣지 않는다. 그러니 직원들이 과묵한 게 아니라 자기 생각이 없는 것이다.

둘째, 아무도 해당 사안을 깊이 들여다보지 않았을 때이다. 책임이 분산되면 모두 무임승차자가 되려고 한다. 저녁 회식 메뉴를 정할 때조차 자신의 의견을 시원하게 말하는 이는 드물다. 혹 김 대리가 "오늘은 중식을 먹는 게 어때요?" 하고 말을 꺼내면 그제야 반대 의견이 쏟아진다. "지난달에도 중식으로 했어요"란 통계적 이유가 먼저 나오고, 곧 의견을 낸 김 대리에게는 "저 친구, 중식을 저렇게 좋아하니 화교나 조선족 아냐?" 하는 인신공격까지 들어온다.

이렇듯 직원들이 의견을 제시하지 않는 이유는 자신의 의견이 칭찬받기보다는 거절당하고 심지어는 공격당할 위험이 더 크기 때문이다. 애당초 회의 시 침묵을 선택했기에 현안에 대해서도 깊은 생각을 하지 않는 것은 당연하다.

우리 직원들만의 역량 문제는 아니다. 세계적으로 유명한 경제 전문가들도 혼자 맞히는 성공의 쾌감보다 혼자 틀리는 실패에 대한 공포가 더 커서, 웬만하면 다수 의견으로 전망을 내놓는다고 한다. 그러니 다수 직원의 공통된 의견을 그렇게 중요하게 생각할 필요는 없다.

정말 다양한 의견을 듣고 싶다면 이렇게 해보는 게 좋다. 회의를 주관하는 사장이 회의에 참석한 직원 한 명 한 명에게 돌아가면서 의견을 물어보라. 처음 호명된 직원은 당연히 머뭇거린다. 약간의 시간이 지나도 말이 없으면 다음 직원으로 돌아가면서 물어보라. 이런 방식은 분산된 책임을 아주 잠시나마 한 명에게 집중시킨다. 이렇게 한 바퀴 돌고, 두 바퀴 돌면 각자의 의견이 나오기 시작한다. 이때 주의해야 할 점, 사장 마음에 드는 의견이 나온다고 노래방에서나 나올 법한 과한 리액션은 하지 마시길.

"중요한 사안에 대해 빠르게 의견 일치가 이루어진다면 결정을 내리지 말라. 만장일치는 아무도 해당 사안을 깊이 들여다보지 않았다는 뜻이다."*

* 출처: 『피터 드러커의 최고의 질문』, 피터 F. 드러커 지음, 다산북스, P. 38

"이 일은 너 아니면 안 돼"

업무를 하다 보면 유독 신뢰가 가는 사람이 있다. 이런 사람들과 일하는 것도 행운이다. 물론 신뢰 가는 얼굴과 목소리가 있다. 하지만 매일 몇 번 전화하고 메일을 주고받다 보면 외형적인 모습의 가치는 급격히 감소한다. 대신 아래의 세 가지 요소로 인해 신뢰감이 형성된다.

업무에서 신뢰감을 높이는 요소는 첫째 정보information, 둘째 계획plan, 셋째 책임responsibility이라 할 수 있다. 먼저 정보란 업무의 디테일이다. 자신의 업무 내용을 훤하게 꿰뚫고 있다면 사장이나 거래처는 관련 업무를 할 때 다른 사람을 찾지 않는다. 모두 다 두 번 확인할 시간이 없다. 한 번 물어서 정확한 내용을 알고 싶어 하기 때문이다. 둘째, 계획이란 자신의 업무를 어떻게 끌고 갈지에 대한 깊이 있는 고민이 있어야 한다. 그래야 발생된 혹은 발생할 문제점에 대처할 액션 플랜이 나올 수 있다. 고민하지 않고 나온 계획은 사람들의 공감을 얻지 못한다. 마지막으로 책임은 아니면 말고 식이 아니라 자신의 말에 대한 책임, 거래선들에게 대한 책임을 다하는 모습을 말한다.

여러 명이 한 업무를 공유하면 이 세 가지를 기대하기는 어렵다. 책임의 분산이 생긴다면 누구의 일도 아니게 되기 때문이다.

"뉴욕 퀸스 1964년, 제노비스란 20대 후반의 여성이 밤늦게 일을 마치고 돌아오는 길에 집 근처에서 괴한에게 습격을 당하여 살해되었다."*

어찌 보면 흔하디 흔한 이런 대도시 범죄 사건이 뉴욕시뿐 아니라 미국을 충격에 빠지게 한 이유는 사건 현장에 38명의 목격자가 있었기 때문이다. 당시 이 사건을 보도한 〈뉴욕 타임스〉의 첫머리는 이렇게 시작한다.

"30분이 넘는 시간 동안 퀸스 구에 살고 있는 38명의 충실한 시민들은 살인자가 거리를 활보하면서 한 여자를 세 차례나 습격하며, 칼로 찌르는 장면을 물끄러미 구경만 하고 있었다……."

* 출처: 『설득의 심리학』, 로버트 치알디니 지음, 21세기북스, P. 201

처음엔 매정한 현대인의 삶, 메마른 도시, 혹은 영화나 드라마의 폭력성을 탓하기도 했다. 하지만 뉴욕의 심리학자 빕 라타네Bibb Latane와 존 달리John Darely는 이 사건을 사회심리학적인 관점으로 풀이한다. 38명이 아무도 경찰에 신고하지 않은 이유는 너무 많은 목격자가 있었기 때문이다. 이를 다시 두 가지 이유로 풀어낸다.

첫째, 너무도 많은 사람이 그 현장에 함께 있기 때문에 위기에 처한 사람을 도와줄 개인의 책임감이 분산되었기 때문이다. 모두들 '누군가가 도와주겠지'라고 생각했다는 것이다.

두 번째는 '사회적 증거의 법칙'과 '다수의 무지'라는 현상과 밀접한 관계가 있다. 즉 길거리에서 싸우고 있는 두 남녀가 부부 싸움을 하는 건지, 살육 현장인지 헷갈릴 수 있다. 이런 상황에서는 다른 사람(목격자)의 행동을 살펴보고, 그것을 근거로 위기 상황인지 아닌지를 파악하게 된다.

결론적으로 그녀가 당시 살 수 있었던 방법은 '살려주세요'를 38명의 목격자 중 단 한 명만 보고, 아니면 손가락으로 특정 한 명을 가리키며 소리를 질렀어야 했다.

이와 마찬가지로 사장이 돈 되는 프로젝트를 단기간 내 마무리하고 싶은 욕심에 업무 배분도 정확히 해주지 않고 2~3명에게 공동 작업을 시킨다면 오히려 일의 진척은 느려진다. 비효율적이다.

해당 업무의 책임과 권한을 한 명에게 주고 "이 일은 너 아니면 안 돼" 하고 강조해야 한다.

최적 직원 수

일 없이 컴퓨터 앞에 앉아 인터넷만 하는 직원을 보면서 내가 사업을 하는 건지, 무료 PC방을 하는 건지 헷갈리고 짜증이 날 때 사장은 결심한다. '직원 없이 내가 다 한다! 아끼는 것이 최선이다!'

작은 회사에는 몇 명의 직원이 적당할까? 이를 구체적으로 설명하는 경영학 이론은 없다. 업종마다, 지역마다 차이가 있고, 단순 노동자 혹은 숙련공의 비율을 어떻게 할지도 회사마다 다르다.

직원 1인당 매출액, 1인당 부가 가치 등 적정 직원 수에 대한 이론적 모델이 있긴 하다. 이런 접근 방식은 현재의 인원수가 적당한지 여부에 대한 연구들이다. 그래서 이 연구 결과는 인원이 많은 대기업, 공기업 등의 구조 조정으로 보통 이어진다.

모든 사장의 1차 관심사는 최소 비용으로 최대 효과를 내는 것이다. 최소 비용이란 적으면 적을수록 좋은 것이 아니라 내 회사가 감당할 수 있는 선에서 최적 비용이다. 최대 효과란 그런 최적화된 비용에서 최대한 낼 수 있는 성과를 말한다.

로널드 코스Ronald Coase*의 거래 비용이란 관점으로 중소기업의 적절한 직원 수에 대해서 살펴보자. 코스의 이론 발표 전에는 공급의 한 축인 기업이 놀랍게도 경제학의 연구 대상이 아니었다. 공기처럼 당연한 것으로 생각했다고 한다. 하지만 코스는 기업들이 왜 스스로 조직되는지 그리고 조직이 만들어진 후 규모를 키우기도, 줄여가기도 하는 과정을 연구했다. 그는 이 진행 과정을 거래 비용으로 설명한다. 거래 비용이란 말 그대로 거래 행위에 수반되는 비용이다. 우리가 행하는 경제적 행위 중에는 생각보다 이 코스의 거래 비용에 기인한 것이 많다. 아주 단순해 보이는 거래에도 상당히 많은 정보가 필요하다. 예를 들어 내가 1억 원이란 돈이 있는데, 이 돈을 필요로 하는 누군가에게 빌려주어서 이자를 받고 싶다고 가정해 보자. 그러려면 신문 광고지를 보든지 주변 사람들을 통해서 돈 빌릴 사람을 찾아야 한다. 막상 돈을 빌려달라는 사람이 나타나면 이 사람이 이자를 제때 줄 수나 있는 건지, 심지어 원금을 제대로 갚을지 불안하다. 그러면 이 사람의 뒷조사까지 해야 한다. 이런 모든 비용을 거래 비용이라고 할 수 있다. 은행의 이자 차액은 이런 거래 비용에 대한 대가이다.

* 로널드 코스(1910~2013), 1937년 『기업의 본질(The nature of the firm)』을 발표. 기업의 본질과 한계를 설명하기 위한 거래 비용 개념을 창안. 1960년 『사회 비용의 문제』로 재산권과 외부 효과의 문제를 다루어 1991년 노벨 경제학상을 수상했음.

우리는 재래시장보다는 비싼 가격에도 불구하고 백화점에서 물건을 구매하길 선호한다. 쇼핑 환경의 쾌적함 등 경제 외적인 이유도 있겠지만 기본적으로 거래 비용이 근저에 작용한다. 구매한 물건에 하자가 있을 가능성, 그로 인한 환불이나 교환의 과정에서 재래시장보다는 일반 백화점의 해결 방식이 매뉴얼화되어 있어 상당히 쉽고 짧은 시간에 해결할 수 있어서다.

사장들은 놀고 있는 직원들을 보면 혈압이 올라간다. 그런데도 그 일을 파트타임제로 변환시키지 않고 풀타임 고용으로 줄곧 간다면 그 이유는 거래 비용 때문이다. 필요할 때마다 인력시장에서 사람을 골라서 사용하는 것보다 정규직으로 고용하고, 그런 인력을 유지하는 것이 비용이 덜 들기 때문이다. 또한 매번 투입되는 노동의 질, 기존 직원들과의 협업 가능성도 고려해야 한다.

코스의 결론은 기업이란 조직은 거래 비용을 줄이기 위한 목적으로 만들어졌다고 설명한다. 중소기업에서는 어쩔 수 없이, 대다수 직원들의 1차 업무는 사장의 손발이 되는 것이다. 결국 사장 개인의 거래 비용이 그 회사의 직원 수와 연관이 있다. 사장이 직접했을 때의 시간과 비용 그리고 그 업무를 직원이 하고, 사장은 관리만 하는 것에 대한 시간과 비용을 비교해 보는 것이다.

일반적으로 중소기업 사장들은 영업에 상당한 시간을 투자한다. 대기업처럼 차별화된 제품과 기술이 없기 때문에 사장의 영업력으로 유지하는 경우가 많다. 하지만 그런 대외 영업 활동으로 회사를 하루에 반 이상 비워 둔다면 사장이 맡은 영업을 나누어 할 직원이 필요하다. 중소기업의 직원 수는 사장의 업무 내용에 따라서 달라진다.

여기서 하나 더 고려할 내용이 있다. 위에서 언급한 정량적인 분석 외에 사장 스스로 느끼는 정성적인 내용도 확인해 볼 필요가 있다. 그 정성적인 비용은 다름 아닌 사장의 스트레스이다. 사장이니까 받아야 할 스트레스도 사실 벅차다. 그래서 소소한 업무에서 오는 스트레스는 직원들과 나누어 받는 게 사장 개인이나 회사 전체로도 유의미하다.

갑 거래처 담당자의 전화를 사장이 직접 받아 하루 종일 스트레스 받을 필요는 없다. 비즈니스 예의는 모두 돈을 벌 때에만 국한해 발생되는 특이한 것이다. 사실 현장에서 나오는 숱한 말은 충분히 그럴 만해서 나온 것이다. 그럼에도 가시 돋친 말 때문에 다들 힘들어 한다. 그런 스트레스에 완충 작용을 해줄 직원이 있다면 사장과 회사의 거래 비용을 감소시키는 소중한 존재다.

노는 직원도 필요하다

잘나가는 회사를 방문해 보면 모든 직원이 화장실 갈 시간 없이 바쁘게 움직인다. 이를 부럽다고 느낀 적이 있을 것이다. 하지만 아무리 로봇 같은 사람이라도 매일 녹초가 되는 곳에서는 몇 년 이상 근무하기는 어렵다. 회사가 급성장하는 경우(한계 비용 제로에 접근하는 시점) 또는 인원을 갑자기 너무 줄인 회사는 직원 입장에서 퇴근할 때 다시는 오고 싶지 않은 곳이 된다.

평상시에도 유휴 인력을 두는 느슨한 관리 시스템도 나름 효과가 있다. 대표적인 경우가 엔터테인먼트 회사들이다. 자신들이 필요한 숫자보다 연습생을 훨씬 많이 보유하고 있다고 한다. 이들끼리 경쟁을 하게 함으로써 회사는 우월한 입장에서 계약을 할 수 있다.

이에 반해 제조·판매·유통하는 일반 기업들은 유휴 인력 고정비에 대해 상당한 부담을 느낀다. 하지만 직원의 갑작스런 퇴사 및 사고 등 인원이 빠지는 경우를 대비한 보험으로 생각해도 된다. 기존 유휴 인력은 급히 뽑은 직원에 비해 업무 공백을 무난하게 처리할 수 있다. 또 한 가지 이득이 더 있다. 처우에 항상 불만인 회사 내 인력들을 제어할 수 있는 나름 안전판 작용도 한다.

우린 면접을 통해서는 그 사람의 진가를 절대 알아내지 못한다. 면접이란 어쩌면 면접관이 살아오면서 제일 피하고 싶은 인간 유형을 걸러내는 과정에 지나지 않는다. 면접만으로는 그가 경력 사원이라 할지라도 돈이 될 친구인지 사고나 칠 친구인지 파악하기 정말 힘들다.

대한민국 정부가 권장하는 인턴 과정을 활용하면 좋다. 유휴 인력을 권하는 제도로 볼 수 있다. 비정규직 역시 비슷하다. 기업이 담당해야 하는 유휴 인력의 고정 비용을 사회가 인턴, 비정규직 제도로 합의하여 분담해 준 것이라고 볼 수도 있다.

최소한 이메일 작성법 교육은 하라

비즈니스에서는 무언가를 전달하는 행위가 목적인 경우는 없다. 전달함으로써 상대방을 이해시키거나, 상대방의 니즈와 의견을 이끌어내야 한다. 더 나아가 상대방의 액션까지 얻어낸다면 더욱 좋다. 즉, 어떤 형태로든 상대의 피드백을 받아내는 것이 중요하다.

이런 비즈니스 커뮤니케이션 도구 중 가장 중요한 것이 이메일이다. 비즈니스 메일에서는 상대편이 알아야 하는 내용, 상대편이 알고자 하는 내용을 먼저 확실하게 전달해야 한다. 내가 하고 싶은 말은 그다음에 해야 한다. 내가 하고 싶은 말만 쓴다면 메일보다는 일기장을 선택해야 한다.

메일에 쓰는 글은 연역적이어야 한다. 상대편이 왜 꼼꼼히 내 글을 읽어야 하는지, 결론이 첫 문장에 나와야 한다. 그런데 우리는 기승전결식 글에 익숙해져 있다. 비즈니스 글은 에세이, 논설문이 아니다. 업무용 메일로는 적합하지 않다. 대부분 직장인들은 화면 가득 활자로 찬 메일을 보는 순간 욕부터 하게 된다.

결론을 먼저 이야기하라. 그러고 나서 결론의 근거 중 진짜 중요한 것 두 가지 정도만 설명하라. 3번째, 4번째 근거가 정말 필요하면 이메일을 보내고 난 뒤 전화로 간단히 설명하는 것이 효과적이다.

사실 그렇게 많은 근거가 필요하지도 않다. 다시 읽어보면 대부분 사족이다. 글이 길면 정성이 많이 들어간 것 같지만 늘어진 글들은 대부분 시답잖은 내용이다. 비즈니스 판단에 필요한 근거는 대부분 단순하다. 명확한 것이 아니면 말하지 말라.

마지막으로 액션 플랜을 제시하면서 거래처의 동의를 얻어낸다.

간단한 예를 들어보겠다. 다음은 수출자가 바이어에게 납기 지연을 요청한 경우의 메일이다.

안녕하세요, 김 과장님.

오더 번호 xxx / 예정된 10월 1일 선적이 10월 7일(수) 배로 연기되었습니다. → 결론

왜냐하면 10월 1일 배가 태풍의 영향으로 부산항에 입항이 아직 되지 않았습니다. 선사에서는 1주일 후 정상화된다고 합니다. → 근거

비록 10월 1일 물량(3,000kg) 선적 연기는 되었지만 10월 10일 2차로 선적 예정이던 물량(4,000kg)이 빨리 마무리되었습니다. 선적이 안 된 1차 수량과 함께 10월 7일 모두 선적할 수 있습니다 (총 7,000kg/20FT container). 컨펌 부탁드립니다. → 액션 플랜

혹시 배가 추가 연기될 가능성이 있으면 먼저 필요하신 물량 (1,000kg)을 에어로 진행하려고 합니다. 이번 주 금요일(10월 2일) 선사의 최종 스케줄이 정해집니다. 이날 선적 관련 디테일을 최종 확인해 알려드리겠습니다. → 대안(일어나지 않을 일에 대해 언급한 것이다. 사안에 따라 이야기할 필요는 없다.)

말할 수 없는 것에 대해서는 침묵하자

당장 내가 알지 못하고, 정확하지 않으면 일단 시간을 두고 확인 절차를 가져야 한다. 달리는 차 안에서는 대로변 건물의 전모를 볼 수 없다. 일단 차를 세우고, 내려서 천천히 돌아봐야만 건물의 윤곽을 파악할 수 있다. 즉, 정확한 현장 데이터부터 확인해야 한다.

회사 내에서 충분히 논의조차 안 된 문제를 사장이 섣불리 주장에 가까운 의견을 말하는 실수를 한다. 말을 굳이 안 해도 되는데, 그냥 말을 하다 보니까 나오는 말들이다. 사장은 문제에 대한 원인과 결과 등, 실질적인 데이터를 확보하기 전까지는 최대한 관련 내용 언급을 자제하는 것이 좋다. 담당자들의 생각이 수렴되고 통일될 때까지도 사장은 침묵을 지킬 필요가 있다. 침묵은 답답하지만 무분별한 언어들의 혼동보다는 훨씬 생산적이다.

사장은 최종 결정권자다. 회사는 민주주의 토론의 장이 아니다. 그래서 사장의 말은 논쟁의 마무리용이지 논쟁의 씨앗이 되면 안 된다. 그렇기에 굳이 말할 자리가 아니라면 침묵은 사장이 쓸 수 있는 썩 괜찮은 카드다.

침묵 뒤 결정해야 할 때는 먼저 자신의 감정 상태를 잘 파악해야 한다. 감정은 여름철 시냇물처럼 변화가 크다. 아침에는 휘파람을 불면서 출근했다가 오후 2시엔 갑자기 삶이 더 떨어질 수 없는 바닥까지 내팽개쳐진 듯한 절망에 사로잡히는 것이 인간이다. 특히 기분이 나쁠 땐 주어진 현실을 막연히 부정하거나, 타인의 의견을 특별한 이유 없이 의심부터 한다. 이런 정서적 뇌사 상태에서 내리는 의사 결정은 상당히 위험하다. 이럴 때는 판단을 중지하는 게 좋다.

사장은 결정을 내릴 때 데이터가 충분한지는 물론이고 자신의 정서적 상태까지 점검해야 한다.

4장 비즈니스로 풀어보는 세상

사장에게 장사와 사업의 차이란

회사를 운영할 때 사장 개인 노동의 의존도와 사장이 어떤 수준의 의사 결정까지 개입하는가에 따라 흔히 장사와 사업을 가른다. 직원들이 사장의 지시만 기다리지 않고 시스템에 의해서 회사가 굴러간다면 사업이라고 할 수 있다. 하지만 30인 이하 사업장을 대기업과 비슷한 사업 형태로 운영하는 것은 위험하고 비효율적이다. 작은 회사는 게릴라, 해적 집단이다. 그래서 고비 때마다 사장의 빠른 개입과 순간 판단이 매우 중요하다. 또한 사장의 매 같은 눈길은 어떤 관리 방식보다 효율적이다.

장사든 사업이든 상관없이 사장의 절대 과제는 살아남는 것이고, 그다음 과제는 돈을 많이 버는 것이다. 이 조건에 부합하는 것들은 선이고 귀하다. 최소 비용과 적은 수의 직원으로 최대 실적을 만들어야 한다. 따라서 작은 회사들은 어쩔 수 없이 장사와 사업, 두 가지의 내용과 외형을 모두 가지고 있다.

그럼에도 기회와 능력이 된다면 사업화로 나아가는 것이 좋다. 왜냐하면 사장 본인이 가진 변동성 위험을 줄여주는 것이 좋기 때문이다. 사장의 변덕스러운 입만 지켜보는 것은 사장을 포함해 임직원을 지치게 한다. 사업화는 결과적으로 지속적인 수익 창출 가능성을 높여준다. 물론 위험도 같이 커진다.

사업 시스템은 개별 회사, 업종별로 차이가 있다. 여기서는 사장 개인의 관점에서 사업과 장사의 차이를 설명하고자 한다.

첫째, 시공간을 확대해서 볼 수 있는 사장의 눈.

사업은 시간적 연속성을 가진다는 특성이 있다. 영원한 비즈니스는 없다. 하지만 자신의 사업을 자기 일생 동안 장기적으로 끌고 갈 의지가 있다면 당신은 사업가다. 이에 대비되는 장사의 특징은 치고 달리기Hit and Run이다. 사업은 자신의 업종, 업계의 시간적 파동을 숙명으로 받아들인다.

사업의 공간은 고정되지 않는다. 취급하는 품목이나 서비스가 동네 상권에서 벗어나 전국 단위, 세계 단위로 확대될 가능성을 찾아낸다면 그 비즈니스는 사업화될 것이다. 예를 들어 길 건너 맛집, 테이블 몇 개 놓인 어묵집이 매일 저녁 단골손님으로 가득 찬다. 이것으로 사장이 만족하면 장사다. 하지만 이 어묵을 전국의 불특정 다수가 먹을 수 있도록 시스템을 만들면 사업이 된다.

둘째, 자기 사업에 대한 태도, 마음가짐.

사업이 가지는 또 다른 특성은 새로운 시도를 통한 확장성이다. 대자본의 증식은 자본의 습성대로 자연스럽게 커져간다. 하지만 작은 회사는 사장이 모험 정신과 청년다운 의지를 가지고 있어야 성장이 가능하다. 사업체를 물려받은 2세가 선대의 사업을 새로운 시도 없이 그대로 답습해 운영한다면, 비록 외형은 중견 기업일지라도 2세 본인은 장사를 하고 있다고 볼 수 있다.

확산과 성장은 수렴, 쇠퇴보다 사업에서 자연스러운 현상일 수 있다. 비즈니스의 기본 참여자는 그 사회의 젊은이들이다. 사업이라는 단어는 젊음을 은유적으로 함유하고 있다. 하지만 인간에게는 변화와 성장보다는 안주하고 싶은 본성이 강하다. 대부분 최악의 가정으로 최소 행복만을 선택하는 방어적 비관주의자이다.

익숙한 것만 열심히 해서는 조금 바쁜 동일한 삶을 살 뿐이다. 이것이 우리 대부분이 하는 실수이다. 왜 안주하려 하는가? 성장이 고통스럽기 때문이다. 우리 몸의 근육도 운동을 통해서 생긴 근육의 상처들이 아물면서 만들어진다. 점진적 과부하를 사업가는 흔쾌히 받아들여야 한다.

장사꾼이 아니라 사업가가 되려면 유고 출신 행위 예술가 마리나 아브라모비치Martina Abramovich의 말을 새겨들을 만하다.

"우리는 언제나 익숙하고 좋아하는 것만 하고 살아갑니다. 이것이 당신이 변화하지 못한 이유입니다. 저의 해결책은 제가 두려워하고 무서워하고 잘 알지 못하는 것을 하는 것입니다. 여러분은 뭔가를 하고 있지만, 언제나 같은 방식으로 살다 보면 아무 일도 일어나지 않을 겁니다."

우리에게 허락된 곳에는 꿀이 없다

한국의 자영업자 비율은 코로나19 이전 2019년 기준 24.6%로
OECD 주요 국가 중 단연 높다. 미국 6.1%, 일본 10%이고, 이탈
리아가 그나마 22.7%로 우리와 근접하다. 왜 우리 주위에는 사장
님들이 이렇게 많을까? 허울 좋은 사장님 명함은 한국에서는 정
치, 경제의 사각지대로 내몰린 자의 신분증이다.

제2차 세계 대전 이후 경제 성장기에는 개인 사업이 교육받은
노동자 계급이 신분 상승을 할 수 있는 하나의 길이기도 했다. 하
지만 지금, 노동 계급이 재분화하는 과정에서 생긴 억지 사장님들
은 사회적 분리수거 일순위로 전락했다. 대자본은 돈 되는 것을 절
대 나누어 먹지 않는다. 작은 기업 사장들은 대자본이 하는 독점적
비즈니스를 하고 싶어도 할 수가 없다. 우리에게 허락된 공간은 오
롯이 땀과 피가 흥건한 곳이다.

우리의 상식과는 달리 자본주의는 기본적으로 경쟁하지 않는다. 현재 진짜 돈이 되는 것들을 생각해 보자. 모두 특정 나라, 특정 기업이 차지한 사업일 것이다. 석유, 반도체 그리고 운영 소프트웨어 등등. 중심국 몇 나라만이 원천 기술을 바탕으로 독점하고 있음을 알 수 있다. 심지어 농수산물 또한 독점 기업들이 전 세계 시장을 지배하고 있다. 그중 비상장 가족 회사로 운영하는 카길 Cargill은 곡물이라는 필수 자원 통제권을 가지고 있는 미국의 4대 곡물 메이저 중 하나이다. 카길이라는 한 회사가 세계 시장의 40%를 점유하고 있다. 자체 인공 위성까지 보유하고 전 세계 곡창 지대의 기상, 작황 상태를 매일 몇 번씩 점검한다. 누가 카길을 상대로 경쟁할 수 있겠는가?

미국 주도의 자본주의 체제 내에서 생산의 일부를 담당하는 한국에서도 내부적으로는 모든 것이 독점화하고 있다. 기존 재벌들의 독과점은 말할 것도 없고, 그나마 오랫동안 개인들의 사업 영역이던 슈퍼, 커피숍, 식당마저 전국 단위로 대자본이 독과점화해 가고 있다.

이렇듯 우리에게 주어지고 허락된 영역은 대자본에 의한 자본 집중화가 어려운, 쉽게 말해 돈이 안 되는 곳이다. 버려진 땅에서만 우리가 할 수 있는 사업 기회가 허락된다. 모두들 다 이곳으로 몰려드니, 시작부터 레드 오션일 수밖에 없다. 우리가 선택한 업종과 일이라는 게 우연히 혹은 운이 좋아 선택한 것이 아니다.

　이런 현실을 모르는 이는 없다. 다들 너무 잘 안다. 그래서 사업하겠다는 사위를 싫어한다. 우리는 사업을 시작할 때부터 희박한 성공 가능성, 성장의 한계를 이미 알고 있었다. 조건은 우울하다. 그러나 불평할 필요 없다. 다 같은 처지이다. 각자도생의 길을 찾아보자.

사라진 회사들도 한때는 최고였다

2004년 12월 〈이코노미스트〉 잡지의 송년호에서는 당시 최고로 잘나가는 신생 업체의 사장님들을 다뤘다. 레인콤 양덕준 사장(아이리버), 저가 화장품 미샤의 서영필 사장, 스포츠 의류 브랜드 EXR 민복기 사장 그리고 적립식 펀드 랜드마크 투자 운용사의 최 모 사장. 제조·유통의 혁신 아이콘이던 이 젊은 사장님들은 20년 만에 모두 사라졌다.

그 밖에 사라진 회사들을 한번 상기해 보자. IMF 때 망한 기업들은 일단 패스하자. 너무 많다. 가스레인지 등 주방 기구의 강자 동양매직은 2013년 SK에 매각되었다. 1990년대 한국에 컴퓨터를 소개한 삼보와 저렴한 조립형 컴퓨터로 돌풍을 일으킨 세진컴퓨터, 현주컴퓨터도 지금은 모두 없다.

일명 '삐삐'로 불리던 호출기로 시작해 한때 대기업까지 인수했던 팬택, 전국대학생대표자협의회 의장 출신인 이철상 씨가 이끌던 VK MOBILE, 2000년 초 닷컴 버블 당시 인터넷 광고만 보면 돈을 준다는 것으로 유명해진 블루멈, 그리고 IT 버블 당시 모두의 눈을 코스닥으로 향하게 했던 새롬기술. 이들도 지금은 추억의 이름이 되었다.

나이 50세가 되면서 실감하는 것이 있다. 세상은 개인 한 사람의 변화보다 훨씬 더 빨리 변한다. 변화하는 방향에 대한 예측도 무척 힘들다. 어쨌든 세상 변화 극점에는 항상 혁신 기업들이 있었다.

비즈니스에서의 혁신은 극단을 추구하고 그 위치를 선점해야 세상이 인정하는 성공이 가능하다. 하지만 성공했던 그 극단의 자리를 고집하는 순간 결국 사라질 수도 있다는 것을 위 사례들은 알려준다.

변화의 극단은 고정된 것이 아니다. 혁신은 다음 혁신까지 담보하지 않으면 허망한 반쪽 영광이다.

주목받지 못한 곳에서 생긴 큰 성과들

아름다운 청년 전태일은 지금 살아 있다면 일흔 중반의 할아버지다. 당시 전태일이 일했던 서울 청계천 봉제 공장 사장들은 지금다 무엇을 할까? 모두 망했을까?

근로기준법을 그렇게 안 지키던 사장들의 후예들은 예상과 달리 한국은 물론이고 중국, 베트남, 인도네시아를 넘어 중남미 과테말라, 온두라스 등에서 사업을 더 성장시켰고, 지금까지 글로벌 사업체를 잘 운영하고 있다.

1980년대 한때 노동 운동의 중심에 있던 서울 구로구 대우어패럴은 세계물산으로 이름을 변경했다가, 대우에서 분리된 후 SK그룹 내에 있었다. 지금은 ㈜SG 세계물산으로 분사했는데 여전히실속 있는 회사다. 원래부터 재벌 소유였던 회사 말고도 소규모 공장에서 매출 조 단위의 재벌급으로 성장한 봉제 회사도 많다.

세아상역, 한솔섬유, 한세실업은 한국 봉제 산업의 빅 3이다. 사업 영역은 미국 브랜드들의 옷을 만들어주는 것이다. 세아상역은

1986년 설립, 연 매출액 2조 원, 2022년 쌍용건설과 STX중공업을 인수해 총 매출 5조 원을 올리며 이제 대기업으로 분류된다. 한세실업은 1982년 설립, 2022년 기준 연 매출액 2조 2,000억 원, 인터넷 서점 yes24를 보유하고 있다. 그리고 한솔섬유는 1992년에 설립, 2020년 기준 매출 1조 2,000억 원 규모이다. 2007년 17대 대통령 선거에 후보로 나온 문국현 전 유한킴벌리 사장이 2022년까지 사장으로 있었다.

ODMOriginal Development Manufacturing 방식을 통해 이들은 2000년 이후 급성장을 한다. OEMOriginal Equipment Manufacturing 방식은 미국 바이어 회사의 디자이너팀에서 개발한 것을 단순 봉제 임가공만 진행하는 방식이다. 하지만 ODM은 디자인 개발까지 해준다. 2000년 이후, 미국의 대형 의류 및 유통업체는 자체 디자인 및 개발팀 인원을 많이 축소시켰다. 이런 움직임에 한국 봉제 공장들은 빠르게 대응했다. 디자인팀과 개발팀을 만들어 바이어들이 원하는 다양한 옷 샘플을 혁신적인 속도로 제공해 주었다. 이 덕분에 미국 본사는 완성품 의류 유통에만 자신들의 역량을 집중하게 된다.

그 외 ㈜신원, 영원무역, 신성통상 등 서울에 큰 사옥을 가진 전통의 섬유 봉제 회사가 많다. 섬유 회사 하면 코오롱, 효성, 태광 같은 회사를 떠올리는데, 여기서는 제외하기로 한다. 그들은 섬유

업체이긴 하지만 폴리에스터, 나이론, 스판덱스 등 섬유 원료 위주이다. 설비 투자에 큰 자본이 들어가는 산업이다. 그들은 원래부터 재벌급 회사였다.

한국에서 1990년대 이후 봉제 회사가 사라졌다고 많이들 생각한다. 일부 남아 있다면 서울 창신동, 중곡동 등의 후미진 골목 지하에 있는 영세한 업체를 생각할 것이다. 그런데 강남대로에 있는 초대형 건물을 소유한 회사가 봉제 회사라는 것을 알고 나면 어리둥절할 것이다. 이런 봉제 회사들이 전해 주는 성공 메시지는 간결하다. "언제 어디서나 성공 스토리는 가능하다."

제2의 애플이나 테슬라, 아니면 삼성전자 같은 회사 하나만 더 한국에 생겨나면 국가의 부는 팽창할 것이고, 초일류 선진국이 될 것이다. 그러니 모두들 새로운 기술 혁신에만 주목한다. 하지만 우리는 국가와 인류의 번영 전에 나 개인, 내 가족의 풍요부터 책임을 져야 한다. 모두가 초일류로 서울대를 나와 삼성전자에서 일할 수는 없다. 우연한 계기로 다양한 업종에서 사회를 접하고 일을 배운다. 그리고 사장이 되어본다.

자신이 몸담고 있는 업계의 세계사적 흐름과 한국 내에 자신의 사업이 어디쯤 있는지 좌표를 먼저 잡길 바란다. 누구도 주목하지

않는 곳에 위치해 있다고 우울해할 필요 없다. 그럴수록 기회의 땅

이라고 생각해도 좋다.

새로운 기술 혁명의 뜻밖의 수혜자들, 전통 산업

2021년 12월, 부산의 신발 전문 원단 업체 동진섬유와 경진섬유
를 대한민국 최고 부자인 김병주 MBK파트너스 회장이 7,900억
원에 인수했다는 뉴스를 접했다.

한국의 워런 버핏이라 불리는 김병주 회장은, 오랜 시간 섬유업
을 하고 있는 나도 이해가 안 되는 이런 결정을 왜 했을까? (2023년
〈포브스〉에 따르면, 김병주 회장의 재산은 12조 8,000억 원, 삼성
이재용 회장의 재산은 10조 5,500억 원이었다.)

MBK파트너스가 가진 포트폴리오를 보면 그의 투자 방침을 짐
작은 할 수 있다. 아시아 최대 사모 펀드 MBK파트너스는 판교의
IT 회사에는 한 곳도 투자하지 않았다. 투자한 회사들을 살펴보면
정수기 업체 코웨이, 전 금호렌터카였던 KT렌탈(현재는 롯데렌
탈), 국내 포장재 1위 기업 테크팩솔루션, 일본의 주얼리 업체 타
사키, 일본 커피 업체 코메다, 고급 초콜릿 업체 고디바, 이랜드로

부터 사들인 모던하우스, 최근에는 임플란트 업체 오스템도 인수했다. 섬유업체로는 아웃도어 업체 네파, 나이키에 신발 원단을 공급하는 동진섬유와 경진섬유를 인수했다.

신발에 들어가는 원단은 의류용과는 다르다. 주로 나일론 경편 원단이며, 강도가 좋아 산업용 자재로 사용된다. 자동차 시트, 가방 원단과 비슷하다. 서로 사촌 사이라고 생각하면 된다. 신발 원단은 품목이 특화되어 있어서 진입 장벽이 비교적 높다. 그리고 글로벌 신발 업체(나이키, 아디다스, 리복 등)는 협력 업체가 최소 3개국에 생산 설비를 가지고 있어야 오더를 준다. 그들에겐 안정적인 공급이 우선이기 때문이다. 그래서 신발 원단 시장은 업력이 오래된 중견 기업들로 형성되어 있다.

신발 산업 자체를 김병주 회장이 밝게 봤을 수 있다. 요즘에는 운동화 혹은 구두 한 켤레로 일 년을 사는 사람은 없다. 외출할 때, 집 앞 마트를 갈 때 신는 신발이 다르다. 운동화의 경우에는 종목별로 특화된 신발을 많이들 가지고 있다. 심지어 오래 신지도 않는다. 신발도 옷처럼 유행을 탄다. 그런 면에서 동진섬유, 경진섬유는 괜찮은 옵션이다. 품질에 대한 좋은 평판과 안정적인 생산 설비(부산, 베트남, 인도네시아에 공장 보유)를 가지고 있다.

하지만 아무리 좋게 보더라도 신발 산업은 사양 산업이다. 업체들끼리 원가 경쟁이 치열한 레드 오션이다. 김병주 회장이 신발 더 팔려고 현금 약 8,000억 원을 과감히 투자하지 않았다고 본다. 신발·산업용 섬유, 가방·자동차 시트용 원단에서 일반인이 못 본 블루 오션을 그는 봤을 것 같다. 그건 전기차 내부 공간이다.

향후 애플, 소니, 샤오미, LG 등 전자 회사들까지 전기차를 생산하다면 이미 공급 라인을 갖춘 메이저 자동차 회사와 달리 차 안에 들어갈 고급 시트지, 차량 인테리어 원단을 제공해 줄 믿을 만한 업체를 새롭게 찾아야 한다. 일반 의류용 원단과 달리 차량에 들어가는 원단은 일광 견뢰도(햇볕에 오랜 시간 노출되어도 컬러가 변하지 않는 정도), 마찰 견뢰도(굳고 튼튼한 정도), 내연성(불에 강한 성질) 등 상당히 엄격한 품질 수준을 요구한다. 설비 및 성숙한 기술을 완비한 업체만이 이 비즈니스를 할 수 있다.

현재 한국 내 자동차 시트 시장은 두올(코스피 상장 회사, 안산에 공장)과 대기업 계열사 코오롱글로텍(구미에 공장) 등 몇 회사가 독과점 지배하고 있다. 이들은 한국 및 일본 대형 자동차 회사의 주요 공급처, 벤더vendor로서 긴 시간 안정적인 비즈니스를 해오고 있다.

향후 전기차 자율 주행까지 가능해진다면 차량 내 넓어진 공간에 들어갈 편안하고 부드러운 산업용 원단에 대한 수요는 폭증할 것이다. 갑자기 늘어난 그 수요를 몇몇 과점 업체들이 해결할 수 없다. 시장은 새로운 강자를 기대하고, 만들어낸다. 나는 신발 원단 업체를 가장 유력한 후보로 보고 있다. 왜냐하면 신발 원단 생산업체는 산업용 원단도 생산할 수 있는 설비 및 기술을 갖추고 있기 때문이다. 더욱이 나이키 같은 글로벌 신발 회사의 혹독한 요구 조건에 장시간 길들여 있다. 생산 및 품질 관리 능력은 기본이다. 마지막으로 이들은 여성 의류 원단의 심미적 아름다움까지 추가할 디자인 능력을 가지고 있다.

내가 본 것이 김병주 회장이 본 것과 같은 것인지 확신할 수는 없다. 하지만 여러 매체를 통해 본 김 회장은 결코 신발 매출 몇 퍼센트 증가에 관심을 둘 것 같지는 않다. 그는 오랜 시간 부산의 한 공단에서 신발 원단만 생산해 온 이 회사를 세상이 주목하는 성장주로 변신시킬 것이다. 결국 그의 관심은 상장이다.

대박은 어느 업종에서도 나온다. 전통 사양 산업으로 생각하는 곳에서도 기회는 있다. 다만 태동하는 새로운 산업과의 연결 고리를 찾아낼 눈이 필요하다.

시대의 변화에 재빨리 편승하라

요즘은 손님이 와도 종업원이 주문을 받으러 테이블로 오지 않는 식당도 많다. 손님이 직접 휴대폰으로 메뉴를 확인하고, 다 먹고 나면 계산도 알아서 한다. 뭘 먹어야 할지가 고민이 아니라 먹고자 하는 것을 어떻게 실수 없이 주방장, 식당 주인에게 알려주는 것이 큰 일이다. 올라버린 임대료, 최저 임금 인상으로 줄어든 식당 종업원, 이런 상황을 이해하지 못하는 것은 아니다. 하지만 손님들이 자영업자를 자발적으로 도와주는 꼴이다. 결과적으로 임대료 상승이 가능하도록 건물주를 위해 사회가 스스로 봉사하는 것 같다.

노동을 했지만 보수를 얻지 못하는 무급 활동을 오스트리아 철학자 이반 일리치Ivan Illich는 '그림자 노동'이라고 말한다. 식당의 셀프서비스 외에도 번거로운 인증 절차를 힘들게 거쳐야 하는 모바일 뱅킹이 대표적 그림자 노동에 해당한다.

그림자 노동의 시작점을 난 스타벅스로 본다. 이곳은 손님뿐만 아니라 종업원까지 스타벅스를 위해서 봉사한다. 내가 주변에서 보는 중국, 한국의 스타벅스에서 일하는 젊은 직원들은 우리 세대보다 노동력을 더 착취당하는 것 같다. 깔끔한 인테리어, 음악과 향기로운 커피 향이 퍼지는 공간, 스타벅스의 알바생이 되기 위해서 젊은이들이 줄을 선다. 폼 나는 검정 앞치마(바리스타)가 되기 위해 힘들게 번 알바비를 다시 스타벅스 바리스타 학교에 헌납한다.

스타벅스 하워드 슐츠 명예회장은 이야기한다. 손님들이 직접 와서 커피를 가져다 먹게 하라고. 왜냐하면 너희들 업무는 서빙이 아니라 스타벅스 커피를 알리는 선교사니까. 결국 손님들은 꼰대가 되지 않으려고, 기꺼이 내 돈 내고 커피를 줄 서서 배급 받는다. 또 스타벅스 직원은 자신의 젊음을 담보로 커피 순교자가 된다. 직원이 고객보다 더 중요하다는 하워드 슐츠의 말은 그로선 당연한 말이다.

주변에 관심을 가져라. 그 변화를 잡아낸 현자가 많다. 그리고 그들이 말한 것을 되새기며 주위를 다시 읽어보자. 우리가 세상 변화를 주도하지는 못하지만 이해라도 하고 있다면 최소한 편승은 할 수 있다.

블루 오션은 여전히 주변에 널려 있다

2005년 출판된 『블루 오션 전략』(김위찬 지음, 교보문고)은 엄청
난 베스트셀러가 되었고, '블루 오션'이라는 새로운 사회적·경제
적 관념을 만들어 현재에도 흔하게 사용되고 있다.

　사람들이 잘못 이해하고 있는 단어, 블루 오션부터 짚고 가자.
블루 오션은 경쟁 상대가 전혀 없는 화성 같은 곳에 가서 새로운
시장을 창출하는 것이 아니다. 또는 세상에 존재하지 않았던 제품,
스마트폰 정도의 혁신 제품으로 세상을 뒤집어야 블루 오션이라
고 생각하는데, 잘못된 것이다.

　김위찬 교수는 서문에서 블루 오션 전략을 이렇게 설명한다.

　"기업으로 하여금 경쟁이 무의미한 비경쟁 시장 공간을 창출함
으로써 유혈 경쟁의 레드 오션을 깨고 나올 수 있는 새로운 기회에
도전하게 한다. 즉, 경쟁자를 벤치마킹하거나 줄어드는 수요를 경

쟁 업체와 나누는 대신, 수요를 늘리고 경쟁으로부터 벗어나는 전
략이다."

2시간의 여유가 생겼을 때, 우리는 카페에서 조용히 휴식을 취
하거나 영화를 볼 수도 있고 마사지를 받을 수도 있다. 커피, 영화,
마사지가 상관없어 보일 수도 있지만 대체제로 경쟁을 하고 있는
것이다. 이 부분을 주목하라는 것이 블루 오션의 요지다.

블루 오션을 비즈니스 영역의 짜깁기 편집으로 이해해도 된다.
쉽게 말해 퓨전식 짬뽕 전략이다. 나눠져 있는 기존 마켓에서 시야
를 좀 더 넓게 보고, 대체제 시장까지 합쳐본다. 그 속에서 틈새 혹
은 교집합 되는 것을 이용해서 새로운 시장을 창출하는 것이다. 코
로나19 팬데믹 시대를 넘기며 대한항공의 CEO가 자신들의 가장
큰 경쟁사는 타국 항공사가 아니라 온라인 화상 미팅 앱 '줌ZOOM'
이라고 말한 적이 있다. 기존의 해외 출장이 이젠 줌으로 대체되고
있다는 의미이다. 시야를 넓혀주는 좋은 예다.

블루 오션의 성공적인 예로 호주의 와인 브랜드 '옐로 테일Yellow
Tale'을 이 책에서는 예로 든다. 다양한 포도종, 수많은 와이너리와
와인이 넘쳐나기에 와인에 대한 경험이 없는 사람들은 매장에서 와
인을 고르기 어렵다. 옐로 테일(캥거루 그림)은 그 점을 주목했다.

옐로 테일은 이미 성숙된 와인 시장 내부의 경쟁을 벗어나, 와인 접근이 어려워 맥주 혹은 칵테일 등을 즐기던 수요층을 와인 시장의 새로운 소비자로 만들어냈다. 먼저 호주 대표 와인 포도 품종 '시라즈Shiraz'로 통일, 맛을 평준화시켜 남녀노소 쉽게 접근할 수 있도록 만들었다. 그리고 가격대는 맥주보다는 높지만 기존 와인보다는 저렴했다. 그 결과, 와인에 접근하지 못한 많은 소비자를 와인 시장으로 대거 끌어들였다.

흔히 한국에서 성공한 블루 오션의 예로는 웅진식품의 초록매실, 가을대추, 아침햇살이 있다. 이 제품들은 비싸고 접근이 어려운 기존 건강 음료를 개선해 가격대를 낮추고 접근성을 높인 경우다. 그리고 김치 전용 냉장고 딤채도 좋은 예다. BTS의 성공에 힘입어 상장한 하이브도 블루 오션을 창출하였다. 상장 후에 IT 기업의 기술을 접목하여 새로운 엔터테인먼트 시장을 창출했다. 새로운 블루 오션 전략이라고 할 수 있다.

한국의 작은 회사 대부분은 레드 오션에 갇혀 있는 것이 사실이다. 그러나 레드 오션끼리 만나는 곳에서 짬뽕화할 수 있는 영역을 찾아낼 수 있다. 그런 다음 김위찬 교수가 제시한 4가지 프레임(제거, 감소, 증가, 창조)을 적용해서 생각을 다듬어가면 된다. 여기서는 통합 혹은 교집합이 될 만한 것들을 주변의 사례를 통해 살펴보자.

한의원과 전통 찻집의 만남. 지금 이런 협업을 한 곳이 많이 생겼다. 이미 만화방은 고급 휴식 공간으로 거듭났다. 기존 전통 공간에 새로운 사업 영역을 접목시켜 보는 것도 블루 오션을 찾아가는 과정이다. 찜질방. 요즘 젊은이들은 안 간다. 중장년, 노인들이 주 고객이다. 그리고 겨울 한 철 장사인 데다 넓은 공간을 필요로 한다. 이를 중장년, 노인들 대상의 전문 운동센터, 아니면 재활센터로 공간을 활용하면 시너지 효과를 낼 수 있을 것이다.

미국 스타벅스는 전기차 충전기 사업을 시작했다. 한국에서도 야외에 있는 한적한 식당은 물론이고 시내 큰 주차장을 확보한 곳에서는 스타벅스처럼 전기차 충전 사업을 할 수 있다.

중국 전기차는 그 자체로 한국 시장에서 좋은 블루 오션 시장이 될 것으로 본다. 한국인이 가진 선입견과 달리 중국 전기차(비야디, 리샹 등)의 퀄리티는 상당히 좋다. 가격도 낮다. 다만 중국산에 대한 인식이 좋지 않아서 한국에서 자리 잡기까지 시간이 더 걸릴 수 있다. 하지만 조립식 컴퓨터처럼 향후 전기차는 어떤 CPU(전기차-배터리), 어떤 소프트웨어(전기차-자율 주행)를 사용했느냐가 차의 브랜드보다 더 중요시되는 시기가 곧 올 것이다. 결국 전기차는 전자제품화할 것이다. 벤츠나 BMW가 부의 상징이 되는 시대가 저물 수도 있다.

개인용 인간 모양 로봇이 간병 목적으로 빠르면 10년 내로 대중화할 것이다. 노인의 식사 및 배설을 돕는 로봇은 이미 요양원에 보급되고 있다. 현재는 단순 보조 기계의 모양이지만, 점점 인간과 비슷한 모양으로 진화할 것이다. 시장의 수요와 요구를 기술이 쫓아갈 것이다. 간병 로봇은 애초 그 목적을 넘어 노인들에게는 반려견만큼 중요한 동반자가 될 것이다. 인간 모양을 한 로봇을 우리 인간들은 의인화할 것이다. 이를 증명한 실험이 있다. 괴롭힘을 당하는 로봇 개에 대한 인간들의 반응이 연구 주제였다. 실험자가 걸어가는 로봇 개를 발로 계속 걸어찬다. 이런 모습에 사람들은 흡사 살아 있는 개가 가혹 행위를 받고 있는 것처럼 느꼈고 분노했다.

로봇의 핵심 작동 장치는 독점 기술을 가진 대기업 차지이지만, 로봇이 인간을 닮아가는 과정에서 생기는 비즈니스는 중소 기업들도 만들 수 있다. 인조 가죽 피부(화학 섬유로 가능하다), 휴대폰 보호막처럼 로봇을 보호하는 다양한 기구들 그리고 의인화한 로봇에 주인의 기호에 따라 입힐 옷도 필요하다.

AI와 기존 장례 산업과의 접속도 가능하다. 돌아가신 할머니가 남긴 유품, 휴대폰 안에 있는 정보(카카오톡 내용) 그리고 사진들, 혹 블로그나 개인 일기에 쓴 글들. 이런 내용을 취합해서 AI는 돌아가신 할머니의 영상과 캐릭터를 만들어낸다. 명절 때 등에는 개인적으로 접속해서 대화는 물론이고 상담도 가능하다. 죽은 반려견을 3D로 만들어낸다면 사업의 범위는 확대될 것이다.

하나의 혁신이 나오면 주변의 기존 레드 오션에도 새로운 바람이 분다. 기술 혁신은 원래 의도된 분야보다 전혀 뜻하지 않은 분야에서 창의적으로 사용될 때 큰 성공을 거두기도 한다.

정답은 없다. 찾아보자. 그리고 연구하자. 그렇게 찾던 파랑새가 결국 자기 집 새장에 있는 것처럼, 블루 오션도 우리가 몸담고 있는 레드 오션 안에 있을 수 있다. 다만 우리가 눈치채지 못했을 뿐이다.

선의로 접근하는 환경, 노동 테마도 결국 비즈니스다

자본주의의 모든 기업이 추구하는 우선순위는 돈이다. 파타고니아* 같은 회사도 돈을 잘 벌고 있기 때문에, 그들의 친환경 운동과 경영 철학이 주목을 받기 시작한 것이다. 한 회사의 경영 철학이 먼저 주목을 받아서 돈 잘 번 회사는 없다. 혼동하지 말자.

파타고니아는 환경 마케팅으로 대단한 성공을 거둔 회사이다. "이 옷을 사지 말라"(Do not buy this jacket, 지난해 옷을 꺼내 입어라는 의미), "파타고니아는 유행을 팔지 않습니다" 등의 혁신적인 광고로 세상의 주목을 받기 시작했다. 매출은 폭발적으로 늘어났다. 미국 중산층이 물건을 구매하는 중요한 판단 기준이 가격과 품질 외에 환경과 노동 테마가 되기 시작했기 때문이다.

영화배우 제시카 알바가 만든 친환경 생활용품 기업 어니스트

---

* 파타고니아: 이본 쉬나드가 만든 세계적인 아웃도어 전문 의류 및 등산 제품을 만드는 40년 된 회사. 환경 테마에 관해서는 세계에서 가장 주도적인 기업이다.

컴퍼니Honest company는 이런 분위기에 편승한 대표적인 성공 기업이다. 제시카 알바의 아기가 기저귀 및 아기 옷에 함유된 화학 물질에 알레르기 증상을 보였다고 한다. 그래서 직접 생활용품을 연구했고, 사업을 시작했다고 알려져 있다. 뭐 그럴 수도 있다. 하지만 제시카 알바는 자기에게 주어진 좀 유별난 백인 중산층 엄마 역할을 잘 연기한 것이다. 시나리오와 총괄 감독을 한 사업가는 따로 있다. 사업을 기획한 이는 미국에서 성공한 한국계 미국인 브라이언 리이다. 그는 이미 모델 겸 방송인인 킴 카다시안과 함께 슈대즐Shoedazzle이란 브랜드를 론칭해 성공시킨 바 있다. 슈대즐은 신발, 보석, 가방 사업을 하고 있다. 즉, 브라이언 리는 유명인을 내세운 셀럽 비즈니스와 친환경 테마를 적당히 버무려서 훌륭한 사업 모델을 만들었고, 성공했다.

2013년 방글라데시 봉제 공장들의 화재로 미성년 노동자들이 사망한 사건이 있었다. 이로 인해 그곳의 열악한 노동 환경이 세상에 알려졌다. 결과적으로 세상의 비판은 그 공장에 오더를 준 대형 의류업체인 H&M에 쏟아졌다. 소비자들의 불매 운동은 한동안 계속되었다.

몇 년 전부터 월마트, 타깃 등 미국 대형 유통 스토어 업체들은 자신들이 납품 받는 제품의 생산 공정까지 모두 관리하려고 한다.

의류의 경우, 실제 생산한 염색 공장이 유해 물질을 사용하는지까지 관리·감독하고 있다. 미국의 환경뿐 아니라 생산국 중국과 베트남 등 개도국 국가의 공기와 물까지 관리한다. 그리고 공장의 노동 환경(근무 시간, 임금 등)도 엄중하게 점검한다. 공장들은 매년 제3의 인증 기관을 통해서 조사 받고 최종 바이어에게 검사 보고서를 제출해야 한다. 그래야 오더를 진행할 수가 있다.

현대의 소비자들은 내 눈앞에 있는 물건들이 어떻게 생산·유통되었는지를 알고 싶어 한다. 그래서 '관리 가능한, 유지 가능한'이란 뜻의 영어 'sustainable'이 최신 마케팅의 주요한 테마이다. 미국의 대형 유통업체들이 갑자기 지구 환경과 후진국 노동자를 위해 자신들의 정책을 변경한 것은 아닐 것이다. 지금 소비자들의 니즈를 뒤쫓아간 것이다. 결국 생존을 위한 것이다.

지구 온난화보다 내 지갑의 빙하기를 더 가슴 깊이 고민하는 나도 플라스틱 포장 도시락을 먹을 때면 지구가 걱정이 되니 환경 테마 마케팅은 거스를 수 없는 현실이다. 페트병을 녹여 다시 만든 재생 폴리에스터Recycle Polyester 원사는 이미 상용화되어 있다. 100% 재생 폴리에스터만 사용하는 의류업체 및 가방업체들이 이미 많다.

먹고 입는 유통 및 생활용품뿐 아니라 전통 제조업체들도 이미 친환경으로 사업 모델을 많이 변경했다. 몇 년 전 경북 의성군에 엄청난 양의 산업용 쓰레기산이 세상에 알려져 전 세계적인 망신을 당한 적이 있다. 그러나 2021년에 그 쓰레기들이 모두 처리되었다. 쓰레기의 절반인 폐타이어, 플라스틱 등 9만 5,000톤은 시멘트 업체가 처리를 했다.

철강과 더불어 시멘트 업체는 대표적 굴뚝 산업이며 에너지 집중, 환경 오염 산업이다. 석회석과 점토를 섭씨 1,400도 이상의 높은 열로 구워 시멘트를 만든다. 이런 높은 열은 화석 연료(유연탄)를 사용해서 구한다. 그러니 시멘트 업계에서만 배출하는 탄소량이 한 해 지구에 배출되는 탄소량의 8%가량 된다.

현재 시멘트 공장에서는 유연탄 사용을 줄이고 폐플라스틱, 폐타이어, 페트병 등을 소각하면서 에너지를 구한다. 그리고 그 폐기물은 따로 매립하지 않고 시멘트와 같이 사용한다. 소각 후 질소산화물(미세 먼지의 주범)의 배출 기준이 독일처럼 강력하지는 않아 아직 논란이 많다. 하지만 아시아권 공장들도 곧 독일처럼 변화할 것이다.

전기차만이 지구를 지키고 있는 것이 아니다. 모든 산업이 생존을 걸고 친환경 전략을 펼치고 있다. 명분은 지구 보존이지만, 결국 비즈니스의 새로운 먹거리가 생긴 것을 의미한다.

생산국 공장의 작업 환경, 노동 환경을 관리하고 인증하는 업체들도 상당한 수익을 거두고 있다. 대표적인 회사가 HIGG이다. 전 세계 대부분 공장들은 HIGG에 가입하고 회원비를 매년 낸다. 이 회사는 파타고니아와 월마트가 공동으로 만들었다.

환경 담론의 주도권을 잡은 의류 회사 파타고니아는 '1% FOR THE PLANET(지구 환경을 위해 수익 1% 기부)'라는 비영리 단체를 만들었다. 기업들이 자발적으로 지구세 1%를 내자는 운동이다. 그리고 비콥B CORP 기업 인증 사업도 진행하고 있다. 사회적 책임을 다한 기업에게 주는 이 인증은, 공공 기관이 아닌 비랩B LAB이란 민간 기업이 인증을 해준다. 공짜는 아니다. 어쨌든 이렇게 조성한 많은 수익금은 지구 환경과 사회 발전을 위해 다양하게 사용된다고 한다.

재생 에너지, 재생 원료 등 친환경 비즈니스 국제 기준은 다국적 기업들끼리 경쟁해서 만들어진다. 각 기업들이 후원한 민간 연구 기관과 대학들을 통해 논쟁이 벌어진다. 그 결과물을 근거로 미국 정부, 유럽연합EU은 법안과 국가 간 협정을 이끌어낸다. 탄소 중립의 정책들, 최근 미국의 IRA, 유럽연합의 그린딜은 석유 이후 대체할 새로운 에너지와 핵심 산업을 선점하려는 의지의 결과물이다. 참고로 차세대 에너지, 수소 공급의 주도권을 가진 이도 다름 아닌 BP, SHELL, EXXON 등 거대 다국적 석유 회사들이다.

글로벌 기업과 선진국들은 많은 세계인이 선의를 가지고 자신들의 환경 운동, 노동 운동 정책에 참여하길 독려하고 있다. 여기서 선의의 의미는 good(착함)이 아닌 innocent(순진한, 지식이 없는)의 법률적 의미로 이해하면 될 것 같다.

거대한 미국 내수 시장

1980~90년대 한국 사업가들은 일본 시장을 알고자 노력했다. 일본에서 유행하는 제품은 예외 없이 한국에서 성공했다. 당시 우리나라는 일본에 경제적·문화적으로 10년, 어떤 분야는 20년 더 뒤처져 있었기 때문이다. 지금은 세상이 변했고, 한일 관계뿐 아니라 전 세계의 국가 간 일방적 전달과 영향은 거의 사라졌다.

그러나 미국은 여전히 우리에게 부인할 수 없는 영향력을 행사하는 나라이다. 미국의 젊은이들이 BTS 노래에 열광하고, 김치를 먹고 싶어 하는 백인들로 인해 미국이란 나라가 가볍게 보일 수 있다. 하지만 절대 그렇지 않다. 비즈니스를 하는 이들은 미국의 움직임을 주의 깊게 살펴보고, 공부를 해야 한다. 한국은 앞으로 상당 기간 미국이 만들어 놓은 국제 자본주의 관계망 내에서 생산의 한 축을 담당해야 한다. 그 역할을 어떻게 성실히 수행하느냐에 따라 국가의 발전은 물론이고 기업들의 성패가 결정될 것이다.

우리나라에서 누가 돈을 제일 많이 버는지를 보면 알 수 있다. 한국 시장, 한국식 기준이 아닌 미국 시장, 미국 기준에 맞춰 제품을 생산하고 서비스를 제공하는 곳들이다. 예외 없이 모두 대기업이다. 비록 미국의 정치적 영향력은 전에 비해 축소되었으나, 여전히 무서운 경제적 영향력을 가진다. 그 파워는 거대한 자국 시장의 무기화에서 나온다. 섬유업에서 미국의 거대 유통업체(월마트, 타깃, 콜스 등)의 구매량은 절대적이다.

9·11테러에 대한 응징으로 미국은 아프카니스탄을 공격했다. 하지만 내륙 안에 위치한 아프카니스탄을 직접 타격할 길이 없었다. 이런 미국에 자국 영공권과 전투기 이착륙이 가능한 땅을 내어준 파키스탄에 미국 정부가 준 선물은 단순했다. 파키스탄산 면 제품의 미국 수출 시 혜택(관세)과 경제 차관이었다.

2010년 카리브해의 섬나라 아이티에서 대지진이 났을 때, 미국 정부는 아이티산 봉제 제품에 대해 관세를 조정해 주었고, 아이티에 섬유 단지를 만들어 주었다. 이 단지에 한국, 대만 등의 많은 봉제 공장이 미국 시장만 보고 투자하러 몰려들었다.

좀 오래된 이야기이지만, 지금은 해체된 대우그룹은 미국의 섬유 정책 변화를 빨리 읽은 덕에 작은 섬유업체에서 거대 기업으로 성장했다. 미국의 섬유 제품 수입은 1970~80년대에는 지금보다 훨씬 더 규제가 심했다. 미국은 자국으로 수입되는 섬유 제품에 대해 생산 국가별로 할당량을 주었다. 이를 쿼터quota라고 한다. 국가별로 배정된 쿼터는 개별 기업의 수출량에 따라서 나누어졌다.

이런 변화를 먼저 읽은 김우중 대우그룹 회장은 섬유 쿼터 확보에 주력한다. 미국 수출 물량이 많은 동남섬유란 업체를 인수하고, 미국 현지에 지사를 세워 스톡 세일(stock sale; 재고 매매)을 했다. 오더가 없는 비수기에도 본지사 거래(기업 내부에서 본사와 자회사 간 또는 자회사와 자회사 간에 발생하는 거래)를 통해 엄청난 물량을 꾸준히 수출했다. 이로써 가장 인기 품목인 셔츠의 쿼터량 30~40%를 대우란 한 회사가 가질 수 있었다. 타 경쟁사들은 미국 오더를 받더라도 선적 전 대우에 와서 쿼터를 구매해야 했다. 대우는 수출 서류에 도장 하나 찍어주는 것으로 천문학적인 돈을 벌 수 있었다.

1980년대 이후 쿼터 경쟁이 치열해지면서 논 쿼터non quota 지역인 NAFTA회원국 중남미(멕시코, 니카라과, 과테말라 도미니카 등)에 섬유업체들의 투자로 이어졌다. 2000년 이후에는 WTO 설립으로 섬유업은 국가별 쿼터에서 벗어나 무한 경쟁의 시대로 접어들었다.

최근에도 미국 내수 시장을 적극적으로 대응해 짧은 시간 내 큰 성장을 한 회사들도 많다. 박스 포장 매트리스로 아마존 매트리스 분야 매출 30%를 차지한 지누스가 대표적이다. 지누스는 원래 텐트를 만드는 회사였지만 2005년 자본 잠식에 빠진다. 그러나 박스 포장 매트리스 하나로 아마존에서 대성공을 했고, 2017년 시가 총액 1.7조 원 회사로 상장된다. 현재는 현대백화점 그룹에 창업주 지분을 넘겨, 현대백화점 계열의 회사가 되었다.

한국인을 상대로 한 노력과 행운의 반 정도만 가지고 미국 시장에 진출해 절반의 성공만 하더라도 부의 절대 수치는 그 이상이다. 미국 소비자를 만날 수 있는 길은 다양하다. 기존의 아마존, 그리고 중국 기반의 알리익스프레스, TEMU 등이 있다. 이제 미국 비즈니스는 관심만 가진다면 굳이 비행기를 타지 않더라도 할리우드 영화처럼 안방에서 추세와 디테일 확인이 가능한 시대를 살고 있다.

포기하기 이르다, 중국은 언제나 기회의 땅

중국이란 곳은 갑자기 생긴 나라가 아니다. 조상 대대로 우리와 어쩔 수 없이 부딪히고 교류해야 했던 이웃 나라다. 그것도 단순한 나라가 아니다. 14억 인구를 가진 인구 대국이며, 달 뒤쪽에도 우주선을 날려 보내는 과학 선진국이다.

10년 전만 해도 중국에는 한국인이 차고 넘쳤다. 돈을 벌려고 대기업은 물론이고 중소기업, 따이공代工까지 몰려들었다. 그리고 유학생들도 학교마다 가득했다. 그런데 지금은 중국에 대한 혐오만 남기고 모두들 떠나고 있다.

사드 보복을 당하고, 먹고살 만해진 중국이 우리를 우습게 대한다며 많은 한국인들이 화가 나 있다. 사실 중국은 최근 몇십 년을 뺀 5,000년 동안 주변 나라를 항상 우습게 본 나라이다. 지난 몇십 년이 아주 특별한 시기였다. 단군 이래 한반도의 젊은이가 대륙에서 대접받으면서 사업을 할 수 있던 유일한 시간이었다.

이제 어느 한쪽이 일방적인 혜택을 주고, 받는 시기는 지났다. 한국, 중국은 동등한 파트너로서 서로를 냉정하게 살펴봐야 한다. 먼저 서로를 알아야 한다. 우리 한국인은 근현대 중국에 대해서 너무 모른다. 공부해야 한다. 중국은 지금까지보다 훨씬 더 큰 기회를 곧 한국에 줄 것이다.

중국은 어떻게 주변국에서 생산 중심국으로 전환이 가능할 수 있었을까? 덩샤오핑의 개혁 개방 이후, 중국 경제가 기록적인 성장을 한 가장 큰 원인을 나는 문화혁명(1965~76년)이라고 생각한다. 왜냐하면 문화혁명을 통해서 봉건제적인 구습(신분제, 남녀차별)을 일시에 해체하였고, 지식인들을 대상으로 실시한 반강제적인 하방운동(중국에서 당·정부·군 간부들과 도시 고학력자들을 낙후된 변경 지방의 농촌이나 공장으로 보내 일하도록 한 운동)의 결과로 중국(소수 민족 포함)에 베이징 만데린이 표준어로 자리 잡게 된다. 진시황도 해내지 못한 문자와 말의 통일을 의도치 않게 문화혁명이 해냈다.

상호 동등한 계약을 할 수 있는 권리를 가지고, 표준 언어를 구사할 수 있는 수억의 농민들은 곧 세계 공장 중국의 값싼 노동자로 전환된다. 결과적으로 문화혁명은 한국에는 일본 자본의 투자를 받을 기회를 주었고, 또한 중국에도 2000년 이후 폭발적인 성장의 원동력이 되었다. 역사란 묘하다.

중국의 WTO 가입 당시, 패권 국가 미국은 중국이 곧 위협적(경제와 군사)인 국가가 될지 몰랐을까? 이런 결정의 근본 원인은 월가를 포함한 서구 금융 자본의 욕심 때문이다. 금융 자본과 달리 서구 산업 자본들이 중국을 통해 얻을 수 있는 이득은 크지 않다. 중국의 저렴한 생산 비용으로 기존 시장에 판매해서 얻는 정도였다. (물론 중국 내수가 커지면서 얻는 이득이 있긴 했다. 대표적인 경우가 애플과 테슬라 정도이다. 하지만 중국 공산당 정부는 이런 내수 시장을 몇몇 중국 국영 기업과 해외 합작 업체에 분배했고 지금도 그 틀을 지켜주고 있다.) 다시 말해, 서구 산업 자본들이 생산 기지를 중국으로 옮겨서 얻는 이득은 금융 자본에 비해 크지도 않고 결과물 또한 불확실했다.

  그러나 서구 금융 자본에게 자본주의 체제에 편입되지 않는 14~15억 인구는 그야말로 황금알 그 자체였다. 왜냐하면 현대 자본주의는 신용으로 만들어지기 때문이다. 이 거대 인구를 달러 패권주의에 편입·발전시켜서, 월가는 2000년 초 중반까지 금융의 빅뱅을 만들었다. 신용의 거대 팽창에도 불구하고 중국산 값싼 물건들로 미국, 유럽 국가들은 인플레이션 관리도 가능했다. 이것이 이른바 2000년 중반까지 누린 서구 국가들의 호황, 바로 골디락스 경제*다.

---

* Goldilocks economy: 뜨겁지도 차갑지도 않은 호황. 높은 성장을 이루는 가운데 물가 상승이 없는 이상적인 상황을 지칭한다.

우리가 아는 것과 달리 중국은 금융을 서구 금융 자본에게 개방하지 않은 것이 아니다. 애초에 홍콩을 허브로 하여 서구 금융 세력과 자본주의 실험을 시작부터 같이하였다. 후세에게 인류 역사상 초대형 버블로 기록될 중국 부동산 시장 뒤에는 국가 토지를 독점 소유하고 있는 공산당과 월가의 창조적 지원이 있어 가능했다.

이런 중국의 금융권 외, 국가 기반 산업들조차 미국 자본들에 의해서 관리되고, 그들의 주도로 해외에 상장이 되었다. 홍콩이 반환된 1997년, 중국 공산당은 차이나 텔레콤电信을 차이나 모바일로 이름을 바꿔서 미국 투자 회사 골드만 삭스의 주도 아래 홍콩에 상장시켰다. 당시 중국 공산당은 42억 달러라는 거액을 단 하나의 국영 회사 상장으로 챙길 수 있었다. 이것은 향후 중국 개발에 아주 유용하게 사용된다. 또 페트로 차이나中国石油 역시 골드만 삭스를 통해 2000년 뉴욕에 상장시키는 등 중국 공산당과 월가는 오랫동안 끈끈한 관계를 유지해 왔다.

2006부터 2009년까지 미국 재무부 장관을 지낸 헨리 폴슨은 1990년 말 골드만 삭스 회장으로 있을 때 중국 고위층과 비즈니스를 만들었고, 그 경험을 책으로 낸 바 있다. 월가와 중국 공산당을 연결한 곳은 중국 국영 투자신탁회사CITIC* 홍콩 분사였다.

페트로 차이나 등 석유 자금에 관련해서 등장하는 인물은 시진핑 집권 초기 몰락한 저우융캉이다. 그는 보시라이의 정치적 지원자이고 동지였다. 저우융캉이 미국 출장 중 굳이 시간을 내서 텍사스로 아버지 부시 대통령을 찾아가는 대목이 있다. 그들은 미중 국교 수립 전부터 서로 비즈니스적으로 알고 있었다. 미국과 중국의 핵심 권력끼리 얼마나 오래된 관계인지 한국인들은 잘 모른다.

알리바바, 텐센트 등 현재 중국의 대표 IT 회사들이 어느 날 갑자기 미국 나스닥에 상장한 게 아니다. 중국 공산당이 진행하는 사업에 미국 금융가는 물론이고 서구 정치 세력들이 오래전부터 서로 얽히고설켜 있다. 서구 자본가에게 중국은 돈벌이가 넘치는 매력적인 곳이다. 그런데 지금 서로 챙겨 가는 몫에 대해서 혼란이 생긴 것이다. 그것이 미중 갈등의 본질이다.

* 중국 국영 투자신탁회사에 대해서는 책 뒤편 부록 1에서 자세히 설명.

한국이 선진국이 될 수 있었던 이유

패전국 일본은 1964년 도쿄 올림픽 이후 1968년 서독을 제치고 당당히 세계 제2의 경제 대국이 된다. 일본은 주변부 국가(중국, 한국, 대만 등)에 노동 집약 산업을 넘겨주고 기술 집약, 자본 집약 산업 위주의 구조 개편을 준비하고 있었다.

같은 시기에 중국은 풍부한 노동력과 자원을 가졌음에도 불구하고 일본과 국교 정상화조차 엄두를 못 내고 있었다. 왜냐하면 문화혁명의 혼란을 겪고 있었기 때문이다(1965~76년). 일본 정부는 대약진 운동(1958년)에 이어, 다시 문화혁명 같은 국가 전체의 소요 사태가 있는 중국에 투자하기 어렵다고 판단했다. 그래서 한국과 대만으로 방향을 바꾼다. 한국은 미군의 주둔으로 전쟁 방어력도 있고, 대만에 비해 인구수도 많아 일본의 노후화된 산업의 생산 기지로는 충분한 값어치가 있었다.

문제는 한국의 반일 감정이었다. 이런 반일 정서에도 불구하고 전격적으로 한일 수교(1965년)가 이루어졌다. 이 밀실 수교로 많은 사회적 갈등이 야기됐지만, 최소한 경제적 측면에서는 한국과 일본 모두에게 윈-윈이었다고 본다. 특히 한국에는 농업 국가에서 산업 국가로 전환하는 모멘텀이 되었다고 볼 수 있다.

한국에서 대량 생산된 제품은 일본의 종합 상사인 이토츠, 미쓰비시 등을 통해 전 세계에 판매되었다. 한국 사회는 1970년 이후 아주 빠른 속도로 세계 자본주의 체제로 흡수되었다. 냉전 시기였지만, 개발과 팽창이 동시에 진행되는 시기였다. 세계 인구는 급격히 늘어났고, 많은 제3세계 국가들도 근대화의 길로 들어서게 되었다. 중심국, 주변국 모두 수요는 급증했다.

1970년대 초만 해도 자본주의 대량 생산이 가능한 나라는 기존 서구 선진국 외에 새로 선진국으로 진입한 일본 정도였다. 한국은 이후 일본의 생산 설비를 이전 받았다. 이로써 한국도 대기업 위주로 대량 생산 체제를 빨리 구축하였다. 1970~80년대 한국인 사업가는 어떤 물건이든 해외에 들고 나가기만 하면 저렴한 가격으로 인해 많은 물량을 팔 수 있었다.

화학섬유 제품의 경우, 당시 주요 생산국은 일본, 독일, 미국뿐이었다. 공급량은 항상 부족했다. 일본과 독일로부터 화학섬유 설비와 기술을 전수받아 만든 한국의 섬유 제품은 세계 시장에서 인기가 있었다. 일본 제품에 비하면 품질은 떨어졌지만 가성비는 충분했기 때문이다.

1971년, 한국의 일인당 GDP는 USD 300인 반면 일본은 USD 2,272로 단순 인건비만 비교해도 7배 이상 차이가 났다. 그리고 수출 기업에 적용되는 다양한 세금 감면 혜택, 무역 금융을 통한 낮은 대출 금리 등 군사 정권의 '수출 드라이브 정책'은 수출 기업의 경쟁력을 높여주었다.

1970~80년대 한국의 상사맨들은 마이클 잭슨처럼 하얀 양말에 검정 구두를 신고 김치 냄새를 풍기며 큰 가방에 가발, 가죽 점퍼, 원단 샘플을 가득 담아 뉴욕에서 남미를 거쳐 아프리카까지 팔러 다녔다. 그렇게 한국은 성장했고, 드디어 2020년 GDP USD 31,496의 선진국이 되었다.

서구 선진국들의 산업화 과정, 국가 발전 과정은 누구나 알고 있다. 그러나 많은 개도국들은 흉내 내는 것조차 실패했다. 한국, 대만 등 몇 나라만이 일본의 산업 구조 재편의 지리적 이점과 냉전 체제라는 시대적 이점을 활용하고 미국이란 거대 시장을 배경으로 눈이 시린 성장을 이룩했다.

사장들은 직간접 경험으로 세계관 하나를 완성할 수 있다. 세상을 바라보는데 어렵고 현란한 말은 필요 없다. 오컴의 면도날Occam's razor*처럼, 가장 단순한 것이 진리에 가깝다. 직접 본 것을 믿자.

우리는 이런 변화를 맨몸으로 부딪혀 왔다. 변화의 추세 그리고 우리의 위치를 파악하자. 사업을 위해 필요하다. 견고해 보이는 질서와 균형이 깨지고 생긴 혼동은 언제나 사업의 좋은 기회이다. 기회는 항상 온다.

* 영국의 작은 마을 오컴Ockham 출신의 논리학자이자 신학자 굴리엘무스 옥카무스 Gulielmus Occamus가 주장한 이론. 어떤 사실 또는 현상에 대한 설명들 가운데 논리적으로 가장 단순한 것이 진실일 가능성이 높다는 원칙을 말한다.

미중 갈등은 위기인가, 기회인가

2018년부터 시작된 미중 무역 전쟁의 주된 원인은 2014년 알리바바의 나스닥 상장이다. 월가를 포함해 서구 금융 세력들이 거대 중국 시장에 푼돈을 투자하고 천문학적인 돈을 벌어들이는 머니 게임에 중국 공산당 정부가 제동을 걸었다. 물론 이 과정에서 시진핑은 정적 상하이방*의 돈줄도 컨트롤할 수 있게 된다. 어떤 것이 우선인지 몰라도 결과적으로 서구 금융 자본과 불편한 관계로 돌아선다.

우리에게 익숙한 중국의 대형 IT 기업들을 관심 있게 들여다보면, 대부분은 중국 회사가 아니다. 심지어 중국 내에서도 외국계 회사로 분류되어 있다. 대한민국 KB국민은행의 외국인 지분율이 70% 넘는 것과는 차원이 다른 이야기다.

---

* 1980년대 중반부터 중국 권부의 실세로 등장한 상하이 출신의 인사들을 일컫는 말.

알리바바는 재일 교포로 잘 알려진 손정의가 소프트뱅크Softbank, 알타바Altaba를 통해 2022년까지 35~36% 지분을 가지고 있다. 창립자인 마윈은 불과 6.2% 지분을 가지고 있다. (2023년 손정의가 알리바바 지분을 처분했다고 언론에 보도되었다. 한국경제 2023. 4. 13.)

텐센트Tencent란 회사 역시 중국인 창업자의 지분은 10%가 되지 않는다. 2001년 사업 초기에는 50% 가까운 지분을 남아공의 다국적 인터넷 및 미디어 그룹 내스퍼스Naspers가 가지고 있었다. 지금은 내스퍼스의 유럽 자회사 프로수스Prosus, NA로 지분을 넘겼고, 2023년 8월 기준 26% 지분을 가지고 있다.

한국에서는 텐센트가 카카오와 같은 서비스를 하는 회사 정도로 알려졌는데, 아시아에서 시가 총액이 가장 큰 회사다. 2020년 한때 시총 한화 1,100조 원까지 달성한 바 있다. 삼성전자(2020년 같은 해 기준 시총 440조)보다 큰 회사다. 이런 중국 대표 회사도 중국 본토가 아닌 홍콩에 상장되어 있다. 회사 등기 주소는 영국령인 케이맨 제도이다. 자회사 텐센트뮤직은 미국 나스닥에 별도 상장되어 있다.

중국의 대형 IT 기업들은 중국 내 상하이, 선전 거래소에 상장이 되어 있지 않고 미국 아니면 홍콩에 주로 상장되어 있다.

그 밖에도 중국에 조금 관심이 있으면 알 만한 대기업들, 징동(JD.COM; 한국 쿠팡과 비슷), 바이두 Baidu(중국의 네이버), NIO(전기자동차 회사), KE 홀딩(온라인 부동산 거래 회사), 심지어 중국 내 물류 회사 ZTO 익스프레스조차도 미국 나스닥에 상장되어 있다.

뉴욕에 상장된 중국 기업은 변동 지분 실체 VIE: Variable Interest Entities 형태로 운영된다. 이해하기 쉽게 알리바바를 예로 들어 설명하면, 우리가 아는 알리바바는 인터넷 쇼핑몰 타오바오, 알리페이 등 모든 비즈니스는 중국에서 발생되고, 천문학적인 돈을 번다.

이런 중국 내 실재 회사와 별개로 미국이나 케이맨 제도 등에 알리바바 이름의 페이퍼 컴퍼니를 만든다. 이 해외 페이퍼 컴퍼니의 지분 100%를 가진 자회사를 다시 중국에 역으로 설립한다. 이런 자회사가 중국 내 실제 거대 기업 알리바바를 지분 투자가 아닌 단순 계약 관계로 실질 지배한다.

이게 합법인지 불법인지 다들 모른다. 왜냐하면 이런 VIE 형태 기업 지배 구조의 합법 여부를 중국 정부가 지금껏 판단한 사례가 없기 때문이다. 결과적으로 미국의 투자자는 나스닥에 상장된 알리바바 홀딩스, 즉 페이퍼 컴퍼니의 주식을 사고팔고 있는 것이다.

14억의 중국인이 하루에도 수십 번 이용하는 거대 플랫폼을 가진 IT 기업들이 중국에 상장하지 않고, 월가가 창의적으로 고안한 VIE 방식으로 미국에 상장해서 소수 중국인과 미국 투자 회사들만 천문학적인 돈을 벌어들이고 있는 것이 중국 공산당 입장에서는 곱게 보일 리 없다. 그런 와중에 중국의 우버라 불리는 디디추싱이 중국 정부의 만류에도 불구하고 2021년 미국 상장을 강행하자, 공산당은 중국 내 APP 마켓에 디디추싱을 올리지 못하게 하는 강력한 조치를 했다. 결국 디디추싱은 1년 만에 뉴욕에서 상장 폐지가 된다.

중국은 자본주의 끝판왕들의 도박장이다. 그런데 중국이란 거대한 투기판에 지금껏 말 잘 듣던 중국 공산당이 머리를 들고 자기 몫을 더 달라며 협박을 하기 시작했다. 심지어 수틀리면 깽판이라도 칠 기세다. 이런 큰 판에 분쟁이 생기면 가장 힘센 해결사가 등장한다. 바로 미국 정부가 나섰다. 중국 공산당이 가장 위협적이라 생각하고 경계하는 약한 고리인 신장 웨이우얼(위구르)에 1차 공격을 감행했다.

이곳은 세계 제2의 면화 생산 지대이다. 이곳 면은 섬유장이 길어 이집트 면 다음으로 고급 면으로 알려져 있다. 미국 정부는 2022년 신장 면이 들어간 모든 섬유 제품의 미국 수입을 금지시켰다. 표면적인 이유는 신장에서 강제 노동이 의심된다는 것이다.

그다음에는 대만 문제를 걸고 넘어진다. 사실 대만을 중국이 공격한다는 설은 워싱턴과 뉴욕에서 나온 이야기다. 이런 분위기에 대만의 TSMC, 한국의 삼성, 하이닉스를 압박해서 중국에 첨단 반도체가 못 들어가도록 하고 있다. 중국 공산당을 굴복시킬 정치적·경제적 위협이 가해지고 있다.

미중 갈등 속에 중국 정부는 자국의 신기술 산업들이 중국 내에서 성장하도록 노력했고, 2021년 9월 2일 베이징에도 추가로 증권거래소를 만들었다. 이를 통해 자국의 벤처 기업들이 해외 자본이 아닌 중국 자본에 의해 성장하도록 길을 만들었다.

미중의 첨예한 갈등은 서구 금융 세력과 중국 공산당의 기 싸움이 그 원인이라고 본다. 하지만 중국에는 아직 성숙한 내수 시장이 없다. 수출을 해야 먹고사는 국가이다. 미국이 절대 필요하다. 따라서 이런 기 싸움은 그리 오래가지 않을 것이다.

우리 선배들이 고수했던 중국 전략을 이제 수정해야 한다. 이전에는 싼 물건만을 찾아서 중국 전역을 찾아다녔다. 하지만 현재 중국은 싼 물건을 만드는 곳이 아니다. 중국 전역에 샤오미XIAO MI 같은 제품들이 넘치고 있다. 곧 중국 전기차가 강남대로를 장악할 것이다. 중국 제조업의 경쟁력을 우리는 적극적으로 이용해야 한

다. 지금보다 훨씬 개방되고 세련된 중국이 우리를 기다리고 있을
것이다.

세상을 읽으면 돈이 보인다

첫 직장의 첫 출장 때부터 지금까지 많은 곳을 다녔고, 많은 이를 만났다. 브라질, 아르헨티나의 넓은 땅과 자원을 보면서 '왜 못살지?' 궁금했다. 스페인에서 심야 만찬을 즐기고, 다음 날 독일에서 썰렁해진 초저녁 거리를 목격했다. 방글라데시 수도 다카에서는 대도시 안에 있는 움막집을 보고 기겁을 했고, 스리랑카 수도 콜롬보에서 불과 며칠 전 일어난 테러의 현장을 우연히 본 적도 있다. 멕시코 수도 멕시코시티의 번화가 골목에서 대낮에 강도를 만난 적도 있다.

나라마다 확실히 다른 먹거리, 자연환경과 정치제도를 가지고 있다. 하지만 지구인의 걱정은 모두 비슷했다. 돈이 궁했다. 생김새는 참 다양하지만 자본주의 틀 안에서는 모두 단순했다. 국가도 개인도 모두 이익이 되는 쪽으로 움직였다.

세상 돌아가는 공부를 아무리 한다고 하더라도 이론과 가설을 모두 섭렵하는 것은 애당초 불가능하다. 우리가 접근 가능한 정보들은 왜곡되고 잘못된 것도 많다. 이런 정보의 비대칭을 극복할 수 있는 방법으로 자신만의 세계관을 가져보는 것이다. 지식에 상관없이 각자의 경험과 살면서 깨친 이치로 세상을 보면 된다.

우리는 전문가란 사람들의 말을 너무 신뢰한다. 대부분 해외 명문 대학에서 박사 학위를 받고, 유수 연구소나 대학에 적을 둔 학자들이다. 미국의 펀드 매니저 피터 린치Peter Lynch의 말처럼, 우리는 전문가란 사람들의 말에만 귀 기울일 때 스스로 아마추어가 된다.

경제학, 사회학, 정치학 등 모든 사회과학은 궁극적으로는 사후 해석이다. 더구나 과학이란 외피 때문에 검증 가능한 한정된 데이터로 설명할 수밖에 없다. 그러다 보니 사회의 큰 사건이나 움직임이 있을 때 전모를 보기 힘들다. 물론 우리 모두는 전체를 파악할 수가 없다. 현장의 사업가들은 최소한 보이지 않는 면을 두려워한다. 하지만 전문가들은 이런 보이지 않는 면은 분석 영역이 아니므로 무시해 버린다.

리먼 브라더스 파산 같은 큰 사건이 하나 터지면 예상하지 못한 일이 생겼다고 말한다. 극단의 현상, 블랙 스완이 발생했다고 매스컴에서 먼저 반응을 한다. 그리고 한 달, 일 년이 지나고 나면 학문의 영역으로 옮겨진다. 일어날 만해서 일어났다고 이론화시킨다. 사회과학이란 것은 결국 이런 사후적 해석의 한 가지 방식이다. 그런데도 사회는 이 한 가지 방식에 엄청난 권위를 부여해 왔다.

십수 년이 흐른 뒤 모두가 상식적으로 알고 있던 2008년 금융 위기 원인이 서브프라임 모기지가 아니라 궁극적으로 MMF와 REPO가 원인이라고 말하는 이들도 생겨난다.*

사회 현상에는 한 가지 원인이 한 가지 결과만을 생산하는 1차 함수의 인과 관계란 없다. 결국 세상은 우리가 아는 것이 아니라 우리가 모르는 것에 의해 지배된다. 전문가들은 일반인이 접하기 어려운 통계와 자료를 가지고 해석하므로 이야기 내용은 그럴듯 하고 풍부하지만, 내일 어떤 일이 벌어질지는 누구도 모른다.

다소 생소할 수도 있는데 사업가가 알아야 하는 역사 지식으로 아 날학파를 소개한다. 이름에서 오는 느낌과는 달리 주류 현대 역사학 의 한 분파다. 근대 자본주의의 발전을 통해서 최상위 지배층이 어 떻게 사회를 지배해 갔는지를 설명해 낸다. 비즈니스 하는 사람이 가져도 될 만한 소프트 코어soft core 음모론의 첫 출발이며, 강단 학 자들도 인정하고 추구하는 지식이다. 4장에서 이야기하는 많은 부 분은 아날학파에 근거해 설명한 것이다. 부록에 MMF와 REPO, 아날학파에 대해 소개했으니 가볍게 공부해 보기 권한다.

* 출처:『금융과 회사의 본질』, 김종철 지음, 개마고원.

정치보다 정책을 보라

사업을 할 때 관심 있게 지켜봐야 할 것이 정치 권력이다. 작은 회사들도 직간접 영향을 받는다. 부정적인 영향이 더 많은 것 같지만, 회피하기보다는 적극적으로 활용하는 것이 좋다.

요즘 정치는 스포츠와 예능이 섞인 격투기 오락 장르가 되었다. 정치에서 민생 담론은 사라진 채 말싸움을 누가 이기고 지느냐, 아니면 누구를 감옥에 보내느냐에 대한 지지자끼리의 환호와 탄식이 정치의 전부인 것 같다. 이를 실어 나르는 신문, 정치 유튜브의 자극적인 말은 사업에 도움이 안 된다. 사업을 위해서는 차라리 정부 정책에 관심을 가져라.

정부는 단순한 곳이 아니다. 경제 3대 주체 중 하나이다. 기업, 가계 그리고 정부. 한국 정부의 평균 일 년 예산은 2022년부터는 600조 원 이상이다. 누가 정권을 잡더라도 늘어나는 정부의 역할과 예산을 줄이지 못한다. 그 엄청난 돈은 다양한 사업 발주를 통해 관련 기업, 연구 기관들에 흘러 들어간다. 중앙 정부 그리고 지

자체 사업 공고만 열심히 보고 공부해도 사업 거리가 나온다.

정치는 태생적으로 사업가보다는 법률가, 학자, 언론인을 필요로 한다. 정치의 본질은 분배다. 학자가 이론적 틀을 만들고, 언론인이 선전 선동을 하고, 법률가들이 집행하는 팀플레이가 효율적이다. 그런 이유로 정치는 경제적인 파이를 늘리는 사업을 제대로 이해하지 못한다. 심지어 새로운 비즈니스를 좌절시키는 경우도 있다.

한국에서는 택시 위주 카카오T가 최근에 대중화되었다. 하지만 전 세계 많은 국가에서는 택시 외 일반 차량을 콜택시처럼 불러 간편하게 사용한다. 중국은 디디, 동남아에서는 싱가포르에 기반한 그랩Grab 서비스가 대표적이다. 한국은 기존 택시 회사들 및 개인택시 운수노조의 반대로 우버 같은 서비스가 자리 잡지 못했다. 소카의 자회사 타다가 그런 유사 콜택시 사업을 하였는데, 2019년 서울시 및 운수노조의 고발로 타다의 대표이사 이재웅 씨는 검찰에 의해 기소되었다. 2023년 5월에서야 대법원에서 최종 무죄 판결을 받았다.

중립적 정책이었지만 중소업체들이 피해를 본 경우가 있다. 문재인 정부 때 시행된 최저 임금제가 그 예다. 최저 임금을 통해 얻을 수 있는 이익은 국가 전반에 관련된 것이나, 이 정책이 가져올 초기 고통은 소규모 사업장에 집중되었다. 정책의 효과는 장기적이고 느린 반면 소규모 사업자들의 고통은 즉각적이고 파괴적이었다. 그러나 결과적으로 최저 임금 정책은 마찰 없이 실행되었다.

결국 사업자 가족들이 최저 임금 이하의 소득으로 가족 사업장에 참가하지 않을 수 없게 된다. 이런 생계형 가족 노동은 구성원 개개인에게는 소득 하락을 가져오고 가족 전체는 하층민으로 전락할 수 있는 위험에 노출된다.

수십만 자영업자 및 중소기업 사장들은 흡연실의 담배 연기 같은 존재이다. 뿌옇게 공간은 엄청 차지하고 있지만 어디에도 뿌리 내리지 못하는, 심지어 필요할 때마다 환기를 당해야 하는 존재와 같다는 의미다.

코로나19 기간 동안 가장 피해를 본 사람들이 작은 회사 사장들임은 누구나 아는 사실이다. 하지만 이들은 정치 세력화될 수 없다. 분기탱천, 자기 분에 못 이긴 몇 명이 자해했다는 안타까운 소식이 짤막한 영상으로 국민에게 알려진 바 있다. 하지만 정치 세력화는 사람들의 안타까움과 동정으로는 이루어지지 못한다. 자기 것을 뺏길 절박한 사람들의 적극적인 공유와 공조가 있어야 한다. 그리고 집단행동으로 힘을 보여줘야 한다. 이런 적극적인 집단행동이 이론과 접목된 후에 비로소 정치 세력화가 될 수 있다. 결론적으로 작은 기업 사장님들은 정책에 영향력을 줄 이익 단체화되기 어렵다.

정치는 기득권 세력을 보호해 주는 것이 우선이다. 정부는 우리가 요청하면 달려오는 배달의민족 같은 서비스 기관이 아니다. 하지만 우리가 먼저 정부 기관의 정책과 사업을 적극적으로 연구하고 사업에 활용해 보자. 아쉬운 쪽은 결국 우리다. 세상 어디에도 소상공인을 위한 나라는 없다.

5장

사업과 인생,
기나긴 여정

사업, 그렇게 대단한 것이 아니다

십수 년 넘게 무역업을 하다 보면 국적기 마일리지가 보통 30만 ~40만 마일은 된다. 대한항공의 경우에는 50만 마일을 넘기면 모닝캄 프리미엄 회원이 되어 다양한 혜택을 받을 수 있다. 출장이 잦던 40대 초반까지는 어떻게 해서든지 프리미엄 회원이 되기 위해 신용카드도 마일리지 적립하는 것을 이용하기도 했다. 마일리지 50만 마일은 성공한 무역맨의 상징이라고 생각했었다.

그런데 어느 순간 쌓여가는 마일리지가 부끄럽다는 생각이 들었다. 비행기를 처음 타는 사람도 퍼스트 클래스, 아니 비즈니스석 정도의 돈을 내면 50만 마일리지 프리미엄 회원보다 항공사의 극진한 대접을 받는다. 결국 50만 프리미엄은 성공한 무역맨의 상징이 아니라 현대판 보부상의 고달픈 신분증이다.

경험에 따르면 사장 지망생, 사장들은 자존감이 높다. 다르게 말하면 잘난 척을 잘 한다. 자존감과 잘난 척은 개인마다 차이가 많고, 동일인에게도 시기별 편차가 있다. 사업을 하는 도중 유독 이런 잘난 척에 노출되는 시기가 있다. 비즈니스가 잘될 때다. 이 때 사장은 말을 절제해야 한다. 그렇지 않으면 걸어 다니는 흉기가 된다. 사실 어찌 보면 사업이 잘되기만 한다면 주변의 이런 빈축은 큰 일은 아니다.

문제는 위축될 때다. 이건 상대적이다. 자신의 비즈니스가 그렇게 나쁘지 않은 상황인 데도 비슷한 조건에서 시작한 주변 친구의 회사가 중견 기업으로 커가는 모습을 보는 것만으로 위축이 된다. 소년 같은 질투, 시기가 끓어오른다. 중년 사업가에는 그 감정의 진폭이 길고 높다. 왜냐하면 지금까지 죽자 살자 달려왔던 자신의 노력과 지난 시간이 부정될 수 있기 때문이다. 불안한 자존감을 매달고 살아가는 사장들이 많다.

자본주의 사회는 어떤 상품이든 사용 가치보다는 교환 가치로 평가된다. 쉽게 말해 화폐 가격으로 측정된다. 그러니 사업을 하는 사장의 삶은 내면의 충실함 따위보다 드러나는 자본과 매출로써 평가된다. 이런 냉혹함이 사장을 더욱더 불안하게 한다.

쉽게 생각하자. 사장 역시 그저 경제 활동의 한 방편으로 선택한 것이다. 대단히 특별한 것이 아님을 받아들이면 좋다. 사업가만 열심히 사는 것이 아니다. 모두 치열하게 살고 있다. 많은 고민과 선택을 했고, 그런 과정을 거치면서 생긴 무용담은 개인의 역사가 된다.

오십 넘어 숨을 돌리고 주변을 살펴보면, 어릴 때부터 비슷한 환경에서 같이 성장한 친구들은 큰 차이 없이 중년의 삶을 살아간다. 자기 사업을 하든, 기업체에서 일하든 오십 중반까지 오면 자산 규모 역시 엇비슷해진다. 사업을 하는 친구들이 돈을 많이 버는 것 같지만 업 다운이 심하다. 친구들은 잘될 때의 모습만 보통 기억한다. 그에 비해 샐러리맨들은 정해진 돈으로 빡빡하게 사는 것 같지만 이들의 자산은 복리로 늘어난다. 그래서 20년, 30년 후에는 그다지 차이가 없다.

내가 그린 큰 그림은 내 가슴속에만 담으면 된다.

모든 것의 중심은 당신

첫사랑 그녀가 생각난다면 왜곡된 기억의 그녀보다는 첫사랑에 빠진 당신의 젊은 모습을 그리워하는 것일 수 있다. 이렇게 인간은 자기만 끔찍이 아끼는 존재임을 인정하고 세상을 바라보면 타인들의 놀라운 행동과 그로 인한 기이한 사건, 사고들이 이해된다.

불교뿐 아니라 가톨릭에서 사용되는 종교적 용어 '자비慈悲'란 단어의 의미도 사실 자신이 가장 소중하다는 의미를 내포한다.

인도의 금슬 좋은 왕과 왕비가 궁정의 뜰을 거닐고 있었다. 그 순간 행복하다고 느낀 왕은 갑자기 '이 세상에서 가장 소중한 것은 무엇일까?' 하는 생각을 하게 됐다. 그리고 생각 끝에 내린 결론은 자신이 가장 소중한 존재라는 것이었다. 자신의 존재가 없다면 아름다운 궁전의 정원도, 예쁜 아내도 모두 의미가 없는 것이라는 결론에 이르렀기 때문이다. 두 사람은 의견 일치를 본 후, 부처님에게 자신들의 생각이 맞는지 확인하고 싶었다. 이 이야기를 듣고 난

부처님도 그들이 도달한 결론이 옳다고 그대로 긍정해 주셨다. 그리고 그들을 위해 다음과 같은 게송을 지어주셨다.

"사람의 생각은 어디로나 갈 수 있다. 그러나 어디로 가든 자기보다 더 소중한 것은 찾아볼 수 없다. 그와 같이 다른 사람에게도 자기는 더없이 소중하다. 그러기에 자기의 소중함을 아는 사람은 다른 사람을 해롭게 해서는 안 된다."

즉, 내가 슬퍼하는 것처럼 타인에게도 비슷한 고통이 있고, 내가 즐거워하는 것처럼 모든 이에게도 동일한 기쁨이 있으므로, 나를 대하듯 타인에게 하라는 종교적인 가르침이다. 자비란 단어에 왜 '悲(슬플 비)'가 있는지 알게 된다.

사업은 사람들이 부딪히면서 만드는 것이다. 충돌과 마찰이 생길 수밖에 없다. 그런 불편함은 나만 느끼는 게 아니다. 그래서 자비란 단어는 우리에게 긴 여운을 준다.

"네가 만나는 사람 모두 힘든 싸움을 하고 있기 때문에 모두에게 친절하라."

소설『불편한 편의점』에서 본 문장이다. 나중에 알고 보니, 플라톤이 한 말이다. 자살로 생을 마감한 배우 로빈 윌리엄스도 생전에 자주 한 말이라고 한다. 다들 힘들었나 보다.

인간, 무서운 존재

동유럽에서 전해 내려온다는 오래된 이야기가 있다. 오이디푸스 콤플렉스처럼 상당한 충격을 줄 수도 있는 이야기다. 당신이 인간에 대한 한없는 신뢰와 믿음의 소유자라면 화가 날 수도 있다.

착하고 순한 농부가 새벽 일찍 일을 하러 가다가 물에 빠진 천사를 보고 구해 주었다. 천사는 농부에게 너무 고마우니 소원을 한가지 말하라고 했다. 하지만 조건이 있었다. 농부가 말한 소원이 무엇이든 그 두 배를 그 동네 사람에게도 다 베풀어 준다는 거였다. 그러자 농부가 큰 망설임이 없이 말한다. "저의 눈 하나를 빼주세요."

이름 없는 수많은 사람들에 의해 내용이 조금씩 보완되는 과정에서 다듬어진 동서양의 고전 민담은 인간의 밑바닥까지 잘 보여준다. 백설공주가 계모(실제 원본에는 친엄마다)로부터 쫓겨나 어느 산골 일곱 난쟁이에게 도움을 받을 때, 일곱 난쟁이가 백설공주에게 내건 조건은 빨래와 함께 자신들과 돌아가면서 잠자리를 하는 것이었다. 충격적일 수 있지만 어찌 보면 지극히 인간을 잘 묘사한 내용이라는 생각이 든다.

현대 인류학 연구를 통해서 어느 지역이든, 어떤 인종이든 상관없이 인류가 보편적으로 보여주는 두 가지 문화 양식이 있다. 하나는 호혜성이고, 다른 하나는 근친상간을 금기taboo시 하는 것이다. 호혜성은 인류학자이자 사회학자인 모스Mauss가, 근친상간 터부는 구조주의 철학자이자 인류학자인 레비 스토로스Levi Strauss에 의해 연구되었다. 호혜성이란 쉽게 말해, 오늘 내가 점심을 사면 상대편도 나중에 그것에 상응하는 뭔가를 나에게 대접을 해야 한다고 서로 믿는 것이다. 근친상간 금기 역시 레비 스토로스에 의하면, 근친상간을 막기 위해서 이웃 집단들과 여성을 교환하는 것으로 결혼 제도를 성립했다고 설명한다. 이도 어찌 보면 서로 호혜성의 교환 과정에서 생긴 것이다.

백설공주와 일곱 난쟁이의 거래는 상호 호혜적이다. 우리 주변에도 사랑이란 말이 넘쳐나지만 알고 보면 서로 밑지지 않는다는 확신이 생긴 후에야 서로에게 사랑의 신호를 보낸다. 슬프지만, 인류학자들이 인간을 관찰하고 연구한 결과이다. 인간의 모든 것을 설명할 수는 없겠지만 분명히 우리의 모습 중 하나이다.

비즈니스에서는 상대편 때문에 밑지지 않는다는 강한 확신이 있어야만 거래가 형성된다. 직접 사고파는 관계뿐 아니라 내 물건을 대신 팔아줄 에이전트(대리인)를 찾을 때도 당연히 덕을 볼 수 있는 상대를 고른다.

이런 면에 있어서 내가 만난 유대인들은 아주 직접적이다. 2004년 선배의 소개로 알게 된 프랑스의 한 원단 에이전트를 통해 단기간 내 큰 매출을 올린 적이 있다. 얼굴도 서로 모른 채 메일을 주고받으며 일을 시작했지만, 두 시즌 동안 양쪽 모두 기분 좋은 성과를 냈다. 그리고 곧 프랑스 에이전트는 나를 보러 중국으로 비행기 타고 날아왔다. 섬유 비즈니스는 샘플로 움직여지기 때문에, 각 회사별로 준비한 아이템군이 그 해 그 시즌 유행에 맞춰 준비가 잘되어 있다면 모르는 사람들끼리도 단기간 협력해서 돈을 벌 수 있다.

프랑스 에이전트의 이름은 파스칼 라파포터Pascal Rapaport, 유대인이다. 전 세계 섬유 시장에는 유대인이 많이 활동한다. 브라질을 포함한 중남미의 큰손들은 모두 유대인, 미국 내 섬유업과 패션업도 모두 유대인, 유대 자본이 장악하고 있다. 지금은 섬유 비즈니스의 많은 부분을 한국인, 중국인들이 차지했지만 섬유·패션업에 있어 유대인들의 영향은 여전히 절대적이다.

내 앞에 찾아온 유대인 에이전트, 파스칼 라파포터는 매부리코가 특징인 프랑스 멋쟁이 중년 신사였다. 무엇보다 능력이 있었다. 파리의 원단 도매상들 사이에 그의 평판은 상당히 좋았다. 그는 바이어들끼리의 경쟁을 부추기고, 상대편의 정보(원단, 컬러 등)를 경쟁 업체에 슬쩍 흘리면서 2~3가지 아이템으로 매 시즌 매출을 최대한 뽑아냈다. 나는 욕심이 났다. 한국식으로 좋은 술도 한잔하면서 친구가 되고 싶었다. 친근해지면 비즈니스가 더 오래가고 잘될 것 같았다. 나는 성급했고 순진했다. 술을 한잔하면서 나는 너와 좋은 친구가 되고 싶다고 이야기했다. 그런데 그의 반응은 서늘했다

"굳이 우리는 친구가 될 필요가 없다. 네가 중국, 한국에서 유행에 맞는 품목을 빨리 개발하고, 품질 관리에도 경쟁력이 있다면 내가 너의 친구가 아니래도 우린 비즈니스를 훌륭하게 할 수 있다. 너 역시 내가 너의 품목을 가지고 세일즈 경쟁력이 떨어지면 다른 에이전트와 일을 해야 한다."

일곱 난쟁이는 유대인이지 않을까?

올곧게 나이 드는 사장은 흔하지 않다

가끔 비뚤어진 노인들을 본다. 비행 청소년과 비슷해서 일본에서
는 폭주 노인이라고 불린다. 인자한 노인이란 말은 사라지고, 사회
와 이웃을 향해 분노와 적개심으로 무장한 채 사는 노인들이다. 뇌
과학자, 심리학자, 사회학자들에게 이런 노인은 현대 사회의 특징
을 연구하는 데 중요한 주제가 되었다.[*]

피드백 부재가 폭주 노인들을 만든다. 비행 청소년의 경우에는
부모나 선생님의 과도한 관심과 피드백을 감당하지 못해 스스로
만든 장벽으로 모든 것을 단절시킨다. 하지만 반대로 노인들은 관
심 어린 피드백 자체를 받지 못한다. 외부에서 오는 제어가 없다.
브레이크를 스스로 밟지 않으면 결국 폭주 노인이 된다.

비슷한 원인으로 괴팍한 사장이 된 무리를 더 쉽게 주변에서 접

---

[*] 출처: 『벌거벗을 용기』, 김경록 지음, 흐름출판, P. 102

할 수 있다. 사장도 노인처럼 주위로부터 제어와 피드백을 받기 어렵다. 그나마 아내, 남편이 중간중간 뼈 아픈 충고와 따듯한 조언도 하지만 나이 오십이 넘어서면 서로 귀찮아한다. 팔자소관인 양 다들 적응해 생긴 대로 살아간다.

직원 중에 직언하는 친구들이 간혹 있다. 그런데 사장들은 가끔 듣는 이런 말도 귀에 거슬리기 시작한다. 흡사 헬스장에서 나의 자세가 이상하다면서 훈수 두는 아저씨 말처럼 선뜻 받아들이지 못한다. 그래서 직언은 말하는 사람도 듣는 사람도 모두 어려운 것이다. 듣는 이의 인격 수양도 필요하고, 말하는 이는 언어적 스킬을 먼저 공부해야 한다. 한 가지라도 부족하면 직언은 힐난이 된다.

피드백도 없고, 가끔 듣는 직언도 부담스럽다면 사장은 자기 자신을 스스로 들여다봐야 한다. 신독*이 필요하다. 사업을 시작했을 때의 초조하고 어리숙했던 본인을 소환해 보자. 오래전의 나와 소통하는 것은 좋은 피드백이 된다. 살아남기 위해서 지푸라기라도 잡고 싶던 사업 초기의 절박함이 죽방망이가 되어 당신 등을 칠 수 있다.

신독, 대단한 것 아니다. 사업 초기에 쓴 일기장이나 혹시 일기

* 愼獨(삼갈 신, 홀로 독): 자기 홀로 있을 때에도 도리에 어그러지는 일을 하지 않고 삼감. 출전 『大學(대학)』.

장이 없다면 오더철, 비즈니스 노트라도 뒤져보면 된다.

멋진 사장으로 태어나는 인간은 없다. 각자 스스로 만들어가는 것이다.

남의 집 애 크듯이, 회사는 쉽게 성장하지 않는다

인간은 지루함을 참 싫어한다. 다들 여유를 갈망하지만, 실제로는 뭐라도 하지 않으면 좌불안석이다. 눈과 손이 휴대폰에서 떨어지지 않는다. 지루함의 반대말은 뭘까? 영국의 수학자·철학자·역사학자·사회 비평가이자 노벨 문학상 수상자인 버트런드 러셀 Bertrand Russell에 따르면, 인간이 느끼는 지루함의 반대말은 즐거움이 아니라 흥분이다. 러셀이 본 지루함이란 사건이 일어나길 바라는 마음이 좌절된 상황이다. 여기서 사건이란 오늘을 어제와 구별해 주는 그 무엇이다.

똑같이 반복되는 하루하루, 그 하루 동안 만사 짜증이 나고, 일이란 일은 꼬이기만 했다면 그날은 어쩌면 평범한 날 중의 하루다. 아침부터 재수가 좋고, 운도 좋아 기분 좋은 하루였다면 그날이 오히려 당신 삶에 몇 안 되는 희한한 날 중 하나다. 현진건의 소설 『운수 좋은 날』의 그날이 결국은 최악의 하루가 됐듯이, 의심을 하고 경계해야 하는 것은 오래간만에 찾아온 안락함이다.

사장은 흥분하면 안 된다. 사장의 일상은 밋밋해야 한다. 비즈니스가 하루아침에 잘되는 법은 없기 때문이다. 그 결과물은 과일이 익듯이 하루하루 지나고 나서 보니 완성된 것이다. 사장의 삶이란 구좌에 돈이 들어온 것을 확인하는 5분 정도의 안락함 외 나머지 시간은 지루하고 불편하다.

사업은 디테일이다. 흔히 모른 척 그냥 넘어갈 만한 것도 결국엔 다시 헤쳐지고 분해된다. 예외가 없다. 피가 튀는 삶의 현장이다. 눈에 띄는 것들은 모두 끈적끈적하고 불편하다. 어찌 보면 당연하다. 사업이란 멀쩡한 자원을 당신의 이익을 위해서 재배치하는 것이다. 주변 모든 것을 쥐어짜야만 한다. 그러니 모두 힘들다. 사업, 쉽게 하는 법은 없다.

시간의 숙성이 필요하다. 오늘 할 일과 내일 계획이 있어서 어제와 다른 삶 정도로 만족하자. 상당히 갑갑할 수 있지만 답이 없다.

죽고 싶을 정도로 막막하다면

사업을 하다 보면 악착같은 삶에 함몰되기 마련이고, 그 결과 필연적으로 지친다. 왜 나의 삶은 오더 하나하나에 휘둘리며 돈에 종속적인 존재가 되었나 자괴감이 들기도 한다. 그러다 그리 크지 않은 금액 때문에 생기는 끔찍한 일상의 뉴스들을 접하면 돈으로 다시 귀의한다. 잠시나마 흔들렸던 나를 스스로 꾸짖고 자책한다.

사업은 일차적으로 우리의 생계 수단이다. 사업을 통해서 일단 먹고살아야 한다. 가족들부터 먹이고 입혀야 한다. 애들 교육도 책임져야 한다.

사업을 모두 성공할 수는 없다. 많이들 망한다. 사업이 망했다는 것에는 사전적 의미보다 훨씬 묵직한 현실적 무게감이 있다. 그런 무거움 때문이지 실제 사업이 어려워지고 문제가 현실화하면 사장들은 금세 무기력해진다. 이런 무기력감은 현재 어렵게 운영하는 사업을 더 빨리 망하도록 촉진한다.

심리학에서는 이걸 '학습된 무기력'이라고 한다. 저항할 수 없는 폭력이나 개인이 극복할 수 없는 어려움에 계속 노출되면 이런 현상을 개선하려는 노력과 시도조차 않는다는 것이다.

중고등학교에서 집단 괴롭힘을 당하는 왕따 이야기를 들으면 왜 작은 저항이라도 하지 않을까 이상해 보인다. 하지만 다시 생각해 보면 그 시기만큼 힘든 시절도 없다. 현대 국가의 어린 학생들은 무조건적이고 강제적인 힘에 의해서 학교로 끌려간다. 공부를 잘하는 몇몇 학생을 제외하고 대부분은 이미 저항할 수 없는 힘에 의해서 마지못해 시간을 때우는 곳이 학교이기도 하다. 이런 무기력한 공간에서 동기생들의 지속적인 폭력까지 가해진다면 스스로도 제어가 되지 않는 무기력에 빠지게 된다. 어른들도 사실 별반 차이가 없다.

사업을 하다 보면 불가항력적인 상황을 10년에 한 번 정도는 만난다. 이런 상황이 호전 없이 지속되고 회사 잔고까지 바닥이 보이기 시작한다면 힘이 빠진다. 난국을 돌파하기 위한 마지막 노력조차도 실패했을 때 사장들은 약속이나 한 듯이 무기력해진다. 하지만 당장의 사업이 망해도 재기의 기회를 줄 수 있는 그 업계의 인맥과 회사의 핵심 직원들, 그리고 거래처들을 잃으면 안 된다.

"호랑이에게 잡혀가도 정신만 차리면 산다"는 말이 괜히 있는 게 아니다. 교통사고를 당했을 때, 어느 시점에 블랙아웃이 되는 경험을 한다고 한다. 이는 우리의 뇌가 더 비참해질 수 있는 현장을 보는 것이 부담스러워 스스로 전원을 꺼버려서 생긴 현상이다. 즉, 호랑이에게 잡혀갔을 때 물려서 죽는 경우보다 실신해서 죽는 경우가 더 많다는 것이다. 항상 깨어 있자.

망할 수도 있다

위기는 벼락처럼 순식간에 오는 것이 아니다. 부지불식중에 온다. 점점 안 좋아진 회사의 상황을 말기 암처럼 지각하는 순간 회복이 어렵다. 솥 안의 개구리란 말은 이런 상황을 비유하는 말이다. 뜨거운 물에 개구리를 넣으면 바로 튀어나오지만 찬물에 개구리를 넣고 서서히 열을 가하면 개구리는 변화를 못 느끼고 삶아져 죽는다는 것을 의미한다.

시련을 견디고, 다시 사업을 궤도에 올리는 것이 좋긴 하지만 미련하게 솥 안 개구리처럼 되는 것도 피해야 한다. 망하고 나면 일단 사는 게 힘들다. 돈을 벌 때의 기쁨보다 손실의 아픔이 훨씬 크다. 벌 때의 기쁨은 한계 효용 체감의 법칙이 적용이 되지만 손실의 고통은 복리로 누적된다.

비즈니스 행위의 목적이 이익 창출에 있기 때문에 생기는 이익이 많고 적음에 상관없이 당연한 걸로 여긴다. 하지만 손실은 예상 밖의 결과이기 때문에 당황하게 된다. 일회성 사건으로 손실이 생기는 것도 아니고, 구조적인 문제로 인한 손실이 눈앞에서 꾸준히 발생한다면 웬만한 사장들은 제정신으로 버티기 어렵다.

스스로 퇴로를 준비해야 한다. 스트레스 좀 받는다고 직장인이 사표 쓰듯이 내일부터 회사를 접을 수는 없다. 현재의 재정 상태와 내일의 희망을 냉정하게 계량화하는 것은 오롯이 사장의 몫이다. 고통스럽지만 유연한 퇴로를 생각해 보자. 너무 공포에 빠질 필요도 없지만 스스로 상상한 희망에 몰입하는 것도 금지이다. 이 시점에 사장이 한 말과 조치는 주워 담을 수 없다. 특히 신중해야 한다.

매출 측면

매출 감소 정도와 매출 이익률을 먼저 살펴봐야 한다. 매출이 2분기 연속 마이너스 성장이라면 최소한 구조 조정을 시작해야 한다. 다만 세계 경제가 모두 극심한 경기 침체로 인해 경쟁 업체들도 모두 비슷한 마이너스 매출이라면 여유 자금에 따라 한두 분기는 기다려볼 필요도 있다. 최악의 불황기를 버티는 것은 호경기 때 설비 투자하는 것 같은 효과가 있기 때문이다.

줄어드는 매출의 정량적인 지표 외에도 참조할 정성적 내용들이 있다. 첫째는 직원들 업무의 바빠짐(하루에 주고받는 메일 수), 둘째는 고객 문의의 구체성이다. 이런 것들은 사장이 직접 하루하루 점검하면서 판단해야 한다.

고객 측면

업종마다 차이가 있겠지만, 대기업 납품을 위주로 하더라도 기존 고객 외 신규 고객들로 항상 새롭게 매출 10~20%를 유지해야 건강한 회사다. 만약 지난 1~2년 동안 신규 거래선이 없거나, 일정 매출을 담당하는 마이너 고객들이 떠나간다면 위험 신호이다. 이는 회사가 새로운 아이템을 개발하지 못한 R&D 문제이면서, 영업조차 제대로 못하고 있음을 의미한다.

임직원 측면

회사 매출이 줄면 직원들이 할 일이 급격히 줄어든다. 이런 상황이 몇 달 이어지면 직원들 사이에서 작은 동요가 생긴다. 불안한 직원들이 먼저 회사를 떠나려고 한다. 보통 일을 잘하는 직원이 먼저 움직인다. 그런데 퇴사하려는 직원을 타 직원들이 붙들고, 직원들 스스로 결속을 강화하려는 움직임이 있다면 그 회사에는 나름 지속 가능한 에너지가 남아 있다. 그러나 키맨부터 먼저 한둘 빠지고, 나머지 직원들도 이직을 시작한다면 사장은 결정해야 한다.

협력 업체

역동 가동률의 원래 의미는 한 회사가 가용 자원을 활용해 잠재적인 능력을 최대한 활용하는 것이다. 자신의 생산 기반이 없는 경우라면 협력 업체들의 역동 가동률도 살펴볼 필요가 있다. 그리고 협력 업체들의 기술적·가격적인 경쟁력을 다시 점검하자. 정성적인 측면으로는 서로 간의 충성도가 높다면 비즈니스를 계속 끌고 갈 필요가 있지만, 협력 업체들 역시 경쟁력을 잃고 상호 신뢰마저 약해졌다면 위험 신호이다.

재정 상태보다 더 중요한 것은 사장 본인의 건강이다. 어떠한 것도 건강을 잃어가면서 얻을 것은 없다. 건강이 무너질 정도라면 뒤도 돌아보지 말고 퇴로를 준비하라.

내 회사에 사표를 내고 싶을 때

내 생애 최고의 날이 혹시 내일이지 않을까 하는 마음으로 오늘도 쓸쓸한 퇴근길을 서두른다. 하루하루가 참 밋밋하다. 그럼에도 언젠가 완결되는 큰 변화의 완성을 보고자 우리는 그 밋밋한 24시간을 담담히 버텨본다. 거대한 것들은 점점 녹아 없어질 것이고, 약한 것들은 단단하게 굳어진다는 믿음이 있다.

나는 사업을 막 시작했을 때 빨리 벌고, 일찍 끝내고 싶었다. 금을 찾아 캘리포니아에 온 그 옛날 광부처럼 마음이 급했다. 50대부터는 전원주택에 들어가 책이나 읽고, 하고 싶은 공부하고, 친구들과 바다 낚시하고, 잡은 생선을 회 쳐 술 한잔하면서 살 수 있을 것 같았다. 한 선배의 말을 듣기 전까지는.

"강 사장, 좌판 열면 쉽게 정리 안 돼. 보통의 경우 죽든지 아니면 망하든지 그래야만 정리된다."

사업의 시작은 사장이 정하지만, 사업의 마무리는 결정당해지는 것 같다. 중간중간 맞은 고비 또한 내가 헤쳐 나온 것 같지만, 돌이켜보면 그렇게 될 것들로 선택되어 왔다고 해야 할 것 같다. 그런 선택에는 직원들, 거래처들, 주변의 친구들 그리고 가족들이 영향을 주었다. 그래서 사업은 혼자 하는 것이 아니라고 하나 보다.

죽고 싶을 정도로 부끄러운 실수도, 뼈아프던 손실도 기억 속에서 잊히고, 자랑하고 다녔던 작은 성공담도 점점 빛이 바랜다. 하지만 힘들 때의 기억은 희한하게 비슷한 난관을 다시 만나면 생생히 소환된다. 마치 맞은 곳을 또 맞은 것처럼, 얼얼하다 못해 너덜거릴 정도로 아프다. 원래 계획에는 기분 좋을 때 회사를 정리하고 싶었는데, 힘들 때만 되면 왜 정리를 일찍 못 했지 하며 후회하고 당장이라도 때려치우고 싶어 한다. 그러다 좀 괜찮아지면 올해는 좀 더 잘할 수 있을 것 같은 느낌에 화장실도 가지 않는 타짜처럼 사업장을 벗어나지 못한다.

사주 명리학에 대운이란 게 있다. 대운이란 좋은 기운의 운을 의미하는 것이 아니다. 대운의 반대말은 불운이 아니고 세운이다. 즉, 10년 단위의 긴 시간의 기운을 의미한다. 10년이면 세상도 개인도 모두 변한다. 우주와 내가 서로 적극적으로 감응하면서 변한다. 결과적으로 인간은 원하든 원하지 않든 10년 주기로 마무리와 시작을 하게끔 디자인되어 있다.

다음 생까지 갈 필요 없이, 바로 몇 년 뒤면 상황이 엄청 달라져 있다는 것을 믿자. 나의 경우, 10대에는 그 대학에서 그 공부를 하게 될지 몰랐고, 20대에는 그 직장에서 그 일을 할 것이라 상상도 못 했다. 심지어 지금도 내가 중국까지 와서 20년 넘게 섬유 사업을 한다는 게 기이하게 생각될 때가 많다.

변한다. 무조건 변한다. 다만 우리에게는 각 변화의 시점에 어떻게 할 것인지에 대한 플랜이 필요하다. 내 맘대로 되는 것이 하나도 없다. 이게 꼭 나쁜 것만은 아니다. 내가 만든 회사지만 여기 관련된 모든 이의 에너지가 모여서 움직인다. 내가 선택하는 것 같지만 선택된 것일 수 있다고 생각하고 주변 모두에 감사하자.

정말 돈 챙겨서 사업을 잘 마무리하고 싶은가? 그건 남들이 내 사업을 탐낼 때만 가능하다. 스스로 하고 싶지 않은 일을 누가 좋게 보겠는가? 때를 기다리자.

만 번을 맞은 매, 만한 번째도 여전히 아프다

어떤 사업을 하든지 올인을 해야 한다. 간만 봐서 성공했다는 경우를 들어본 적이 없다. "목숨 걸고 한다"란 말을 서슴없이 한다. 이말을 듣는 이도 그렇게 놀라지 않는다. 틀린 말이 아니기 때문이다. 다들 비장한 마음으로 덤벼든다. 하지만 익숙하지 않은 고통에한 발짝 뒤로 물러선다.

공급한 물건에 하자가 있거나, 납기 문제로 쌍방 모두에게 큰 손실이 생기면 해결 과정은 피를 말리게 하는 시간들이다. 몇 달간마음이 무겁고, 체중은 쭉 빠진다. 비즈니스에서 생긴 문제는 100% 돈 때문이니 결국 돈으로 해결해야 한다. 하지만 그 과정은지루하고 사람 진을 뺀다. 일 년 사이에 이런 일이 몇 번 생긴다면몸담은 비즈니스에 대한 강한 회의감이 생긴다.

지방에서 종합 건설사를 운영하는 친구 이야기 들어보면, 조그만 공사도 기본적으로 20군데 외주 업체(철거에서 준공까지)와

계약을 한다. 공사가 각각 정해진 계획대로 움직이면 좋겠지만 이 런저런 사고가 나서 피해가 생기면 소송전이 벌어진다고 한다. 건 설업계 사장들은 한 손은 소송을 준비하고, 다른 한 손은 다음 공 사를 준비하며 살아간다는 것이다. 어느 업종이든 그 힘겨움은 비 슷하다.

내 경험상 행복, 성장, 안락은 고통 뒤에 따라온다. 왜 그런지 모 르겠다. 혼자만 아픈 게 아님을 알지만 큰 위안은 되지 않는다. 진 통제와 항우울제를 달고 사는 사람이 주변에 넘쳐난다. 우리는 고 통에 익숙하지 않다. 익숙해질 생각도 없고 이길 자신도 없다.

심리학에서 이젠 주류 경제학으로 자리 잡은 행동경제학은 이 런 현상의 원인을 설명해 낸다. 대니얼 카드먼이 진행한 심리 실험 에서 인간들은 이익으로 인한 즐거움보다 손실의 고통에 2~3배 더 민감하다는 결론을 얻었다. 열심히 장사해 번 일 년 치 이익이 단 한 번의 사고로 내 눈앞에서 사라진 경우가 가끔 생긴다. 이걸 눈 뜨고 지켜보는 것은 고통스럽다.

고통의 순간을 잠시 넘기고 숨을 돌리면 허망하고 허무하다. 그 런데 이 역시 나만 겪는 문제가 아니다. 인류가 해결하지 못한 오 래된 고민이다. 시시포스란 그리스 신화에 모든 것이 녹아 있다. 시시포스는 신으로부터 영원한 형벌을 받는다. 높은 산 정상으로 큰 돌을 올려놓아야 하지만 힘겹게 올려 놓은 돌이 아래로 떨어지고, 그러면 그 돌을 다시 정상으로 올려 놓기를 무한 반복해야 하는 노동의 형벌이다.

우리는 그런 존재다. 덤벼들었다가 깨져 물러나고, 다시 한 걸음 겨우, 무겁게 앞으로 내딛는다. 나는 이걸 사장의 투쟁이라고 생각한다. 짧게 보면 자본주의에 대한 생존 투쟁일 수 있고, 길게 본다면 시시포스와 같은 어쩔 수 없는 운명에 대한 투쟁일 수 있다. 무한 반복되는 업 앤 다운이 결국 영원 회귀이고, 이 모든 과정을 회피하지 않고 아래로 떨어진 돌을 다시 주워 올리는 운명을 주체적으로 받아들이는 이가 니체가 말한 초인이라 할 수 있다.

그러나 투쟁도 쉽지 않고, 초인의 완성은 더욱더 어렵다. 십수 년 넘게 비슷한 경험을 했지만 내성은 좀처럼 생기지 않는다. 연식이 높은 형님 사장들 중에 그 정도 문제는 별것 아닌 듯 호기 있게 말씀하시는 분이 있다. 거짓말이다. 그저 늙어가는 형님들의 허풍으로 생각하면 된다. 남의 문제는 원래 단순하고 해법도 간단하다.

어렵다. 하지만 받아들이자. 절대 피할 수가 없다. 비즈니스를 내가 팔고 있는 직물로 비유하면 경사(날실)는 희망과 이익이고, 위사(씨실)는 고통과 손실이다. 하나만을 떼어 챙길 수가 없다. 한 가닥 한 가닥 실이 맞물리며 천이 짜이듯, 사업도 이익과 손실이 맞물리면서 굴러간다.

올해도 한두 번 매를 맞을 것이다. 지난해보다 더 세지만 않았으면 좋겠다.

지나간 내일, 모두 불안했다

우리는 이런 우연, 저런 우연 속에서 산다. 내일 교통사고를 당할 수도 있고, 코로나19에 걸려 고생할 수도 있다. 위험 과잉 사회에서 긍정적으로 살기 어렵다. 미래는 알 수가 없다. 이런 불확정성을 우리 뇌는 위협으로 간주한다. 항시적 위협에 놓인 처지에 어떻게 매사 긍정적이 될 수 있겠는가? 우리는 돌다리도 항상 두드리고 건너야 제 명대로 살 수 있다.

그러나 사업을 하는 사장, 더구나 사업을 통해서 부자가 되려고 한다면 비관적인 생각을 완전히 버리지는 못해도 최대한 줄여야 한다.

코로나19 때를 기억해 보면, 2020년 초 전 세계 국가들이 봉쇄를 시작할 즈음 나는 두려웠다. 사업보다도 생존에 대한 일차적 공포감이 들 정도였다. 2020년 1월 춘절 휴가를 한국에서 보내고 중국 상하이로 돌아온 날, 홍차오 공항의 썰렁한 모습, 집으로 오는 택시에서 본 유령 도시 상하이를 지금도 선명하게 기억한다.

막막했다. 중국에서 제품 생산을 할 수 있을지, 이미 생산한 것을 미국 등 여러 나라에 보낼 수 있을지 암담했다. 그리고 바이어들의 현지 판매도 걱정되었다. 나 같은 소규모 사업장뿐 아니라 미국 내 큰 백화점 체인들도 비슷한 공포감을 가졌던 것 같다.

미국의 대형 백화점 콜스Kohls를 필두로 많은 바이어가 당시 작업 중인 오더들에 대해 책임liability 없이 캔슬을 하겠다고 선언했다. 섬유업계에 종사하는 사람으로서는 그야말로 초유의 사태이다. 미국, 일본 등 선진국 메이저 바이어들은 품질, 납기에 대해선 지나칠 정도로 엄격하지만 자신이 발행한 구매 발주서에 대한 신용은 철저히 지킨다. 그런 믿음이 있기에 태평양을 사이에 두고 외상 거래가 가능했다.

2020년 초 약속이나 한 듯이 전 세계 회사들은 직원을 줄이기 시작했다. 월급도 줄였다. 코로나19 발생과 동시에 벌어진 일들이다. 그러나 몇 개월이 지나자 코로나19란 전대미문의 상황에서도 모두들 조금 변형된 일상을 만들어냈다. 공장들은 다시 돌아갔고, 물류는 어렵긴 해도 움직였다. 사람들은 마스크를 착용하고 쇼핑을 했다. 2020년 여름부터는 오히려 비즈니스가 생각보다 좋았고, 많은 중국 업체들이 가을부터는 구인 광고를 하기 시작했다.

위기감이란 짧은 기간에서만 유효하다. 몇 년 이상 이어지는 위기는 없다. 인간은 어떤 상황에서도 일상을 만들어내는 아주 규칙적이고 회복력이 강력한 존재다.

이런 변화를 극적으로 보여주는 것이 코스피 지수이다. 2020년에 1500까지 밀렸지만 2021년 종합 주가 지수는 3000을 넘었다. 신 고가가 연일 뉴스를 통해 전해졌고 다들 후회를 했다. 그런데 만일 동일한 조건의 상황이 찾아온다면 전과 다르게 공격적 투자자가 될 수 있을까? 쉽지 않다. 주가가 폭락할 때는 다들 공포감에 사로잡힌다. 시퍼런 종합 지수판에 뛰어들기는 쉽지 않다.

위기가 끝나고 그 진행 과정을 복기하면 다 비슷해 보이지만, 위기의 폭풍 안에 들어가 있으면 동서남북 파악이 안 된다. 왜냐하면 매번 위기는 소재도 다르고, 진행 방향도 예측 불가하기 때문이다. 드라마가 비슷한 이야기 같지만 매번 소재가 달라 사람들을 TV 앞에서 꼼짝하지 못하게 하는 것과 마찬가지다.

특히 언론 매체에서 쏟아지는 긴급 뉴스들은 우리의 판단을 흐리게 한다. 매스미디어는 현재 상황을 잘 정리해 주지 않는다. 오히려 우리를 혼란에 빠지게 한다. 언론은 사람의 주목이 필요하다. 우리가 알고 있는 사실 하나를 가지고 강력한 진폭을 가진 비슷비슷한 뉴스를 생산해 낸다. 그들은 현실을 그대로 전달하지 않고 증폭만 시킬 뿐이다.

이런 분위기에 인간이 타고난 이기적인 본성까지 더해지면 긍정론자가 되는 것이 기본적으로 어렵다. 사람들은 타인의 불행과 고통을 볼 때 공감하기보다 무감각하며, 심지어 즐긴다. 이는 수전 손택Susan Sontag*이 『타인의 고통』에서 현대인을 질타한 내용이다. 주가 폭락으로 패닉에 빠진 증권사 직원들과 투자자들이 TV 화면에 보이면 도교적 무위를 실천한 자신의 방어적인 삶을 찬탄한다. 그렇게 모두 비루한 행복감에 빠져든다.

월급을 주는 사장 입장에서는 이런 세상의 위기가 더 위협적으로 다가온다. 직원들처럼 주는 월급 받아가면서 바짝 바닥에 붙어 지낼 수도 없다. 거래처들은 안전할까? 다 망하는 것 아닌가? 입이 바짝 타는 불안감에 밤잠을 설치게 된다. 하지만 실물 경제는 그렇게 판 뒤집어지듯이 변하지 않는다. 사람들은 어떤 일이 생겨도 먹고, 자고, 입어야 한다. 어떠한 경우라도 인간들은 아침에 일어나 커피 한잔 마시고, 어디든 찾아가 돈을 벌려고 하기 때문이다.

히틀러가 집권한 독일이 체코를 침공해 2차 대전의 전운이 보일 때도, 마지노선이 무너질 때도, 심지어 프랑스 파리가 나치에 점령당했을 때도 유럽의 증시는 변함없이 열렸고, 오히려 불확실성이 해소되었고, 중간중간 올랐다고 헝가리계 유대인 투자자 앙드레

* 수전 손택(1933~2004)은 20세기 후반 미국의 대표적 소설가이자 철학자, 예술평론가이다. 저서로는 『타인의 고통』, 『사진에 관하여』, 『은유로서의 질병』 등이 있다.

코스톨라니는 그의 책 『돈, 뜨겁게 사랑하고 차갑게 다루어라』에서 말한다. 세상 쉽게 안 망한다.

"비관론자는 명예를 얻지만 낙관론자는 부를 얻는다"란 말이 있다. 이런 위험천만한 사회에서 사장에게 명예가 필요한지, 부가 필요한지는 이미 정해졌다. 영화 같은 낙담할 일이 생겨도 감정의 고리를 끊자. 먼저 TV부터 끄고 자신만의 시나리오를 만들어보자.

우리는 다만 모를 뿐이다

한 가지 생각과 관념에 사로잡혀 사는 사람들이 많다. 성직자에게는 적합할 수 있지만 사장에게는 바람직하지 않다. 사장에게는 유연한 사고가 필요하다. 비즈니스 방식, 미국과 중국 등 세계를 보는 시각, 그리고 보수와 진보 등등. 이들은 좋고 싫어하는 기호를 선악의 판단 기준으로 혼동하기도 한다.

우리가 잘못된 확신, 착각에 빠지기 쉬운 이유는 역설적이게 우리가 이성적이기 때문일 것이다. 예를 들어 며칠째 감기로 고생하다가 우연히 저녁에 유자차를 마시고 잤다가 다음 날 몸이 개운해진 경험이 있다면 우리는 상관관계를 인과 관계로 혼동하기 쉽다. 유자차로 인해 감기가 나은 것이 아니라 사실 나을 때가 되어서 몸이 회복되었을 가능성이 훨씬 높다. 하지만 그런 경험을 한 사람은 앞으로 감기 기운만 느껴도 유자차부터 찾게 되어 있다.

보고 듣고 한 경험에 근거해 판단하는 귀납적 사고에 우리는 익숙하다. 왜냐하면 과학 지상주의 교육 때문이다. 우리가 현재 학교에서 배우는 과학관은 논리실증주의*에 기초한다. 그래서 검증 가능한 명제만을 받아들이고, 관찰과 실험을 통해서 귀납적 검증 후 이론화하는 것을 과학이라고 본다.

하지만 가장 진리라고 믿는 과학도 하나의 가능성이다. 과학은 유행을 따라서 발전해 왔고, 또 그렇게 변화할 것이다. 객관적 관찰과 연구의 축적을 통해서 과학은 발전하지 않는다. 연구자 집단의 요구와 필요에 의해 선택적으로 발전하게 된다. 이로 인해 기존 이론 체계가 무너지고, 새로운 방식으로 자연현상을 설명한다. 이것이 미국의 과학사학자 겸 철학자 토머스 쿤이 『과학 혁명의 구조』란 책을 통해 말한 패러다임의 전환이다.

버트런드 러셀이 제기한 귀납법의 문제도 살펴보자. 한 칠면조 농장에는 아침, 저녁 6시에 모이를 준다. 이 칠면조에게는 태어나서 한 번도 변하지 않는 명백한 진실이고 법칙이었다. 그런데 추수감사절 아침까지 맞았던 그 법칙이 저녁부터 틀리기 시작했다. 그날 저녁 만찬 자리에 그 칠면조가 구워져 올라갔기 때문이다.

* 칼 포퍼의 경우, 같은 논리실증주의 계열의 학자이지만 과학의 방식이 귀납이 아닌 연역적인 방식으로 봤다. 먼저 가설을 세우고, 반증이 나온다면 다시 가설을 수정하거나 새로운 가설을 만든다. 반증이 나오지 않는 상태까지 되면 이론화된다.

사장 입에서 "절대 그럴 리가 없어", "내 말이 맞아, 내가 걸어 다니는 증거야"란 말이 나오면 안 된다. 말도 안 되는 일들도 실상은 다 그럴 만해서 생긴 것이다. 단지 우리가 몰랐을 뿐이다. 내가 아는 것에 너무 확신을 가질 필요는 없다.

비즈니스를 과학적으로 접근해야 한다고 다들 말한다. 대단한 것 아니다. 변화하는 데이터를 유연하게 해석하고 빨리 대응하는 것이다. 사업이 이상한 방향으로 가고 있다고 좌절하지 말자. 그게 사업이다. 대기업조차도 비싼 컨설팅 비용을 들여 계획을 세우지만, 예상치 못한 상황을 임기응변으로 버티어낸다. 그러니 중소기업 사장에게 지름길은 없다. 둘러 갈 수도 있고, 심지어 왔던 길을 다시 돌아갈 수도 있다. 담담하게 받아들이고, 지금 여기서 어떻게 해야 할지 항상 계획을 세우자. 이건 작은 회사의 운명이다. 중소기업이 가진 데이터는 빈약하고 잘못 해석된 것이 많다. 그러니 예측은 거의 틀린다. 틀린 판단을 후회할 필요도 없지만 그 판단을 고집하거나 사랑에 빠져서는 안 된다.

일관성이 없다는 이야기를 들어도 괜찮다. 시장의 변화에 따라서 어제의 생각을 오늘 수정하지 않는다면 우리는 앞의 칠면조와 같은 운명에서 벗어나기 힘들다.

위대한 철학자 프리드리히 니체의 이 말을 되새기자.

"진리의 반대말은 거짓이 아니라 확신이다."

느리지만 우아한 발걸음

코로나19 팬데믹 동안 우리는 도시 봉쇄, 글로벌 공급망 붕괴, 각국 정부의 긴급 정책들, 중앙은행의 돈 풀기, 자산 가격 급등, 인플레이션, 금리 인상 등 짧은 시간 내에 많은 사건과 그 영향을 공포스럽게 목격했다.

세상을 조절할 힘이 우리에겐 없다. 예측하기도 어렵다. 그냥 대응하기에도 벅차다. 그러나 어떤 사업을 하든지 큰 실수만 하지 않는다면 밥은 먹고 살 정도는 된다. 세상은 아주 혹독하지도, 그렇다고 관대하지도 않다.

가끔 돌이켜본다. 무엇이 나를 사업으로 몰아세우게 했는지. 내 기억 속의 나는 한결같았다. 돈이 절실했다. 그래서 돈이 되는 일이라면 무조건 머리를 들이밀었다. 어린애처럼 서툴렀지만 농부처럼 열심히 했다. 돌이켜보면 사업도 돈도 계획대로 되지는 않았다.

사업을 왜 힘들게만 했을까? 고민하기 시작했다. 결국 나는 세상이 강요하는 시간표, 그리고 흔들어대던 공간 속에 나를 끼어 맞춰 살았던 것 같았다. 단거리, 장거리 상관없이 주위 사람이 뛰면 나도 그냥 뛰었다. 몸만 힘들었고 성과를 내기는 아주 어려웠다.

"모든 공을 잡을 필요가 없다. 다급한 전화도, 니가 선택해라. 인생에 대한 전망을 좀 더 차분히 발전시키는 데는 자기 스스로 한계를 알고 그 안에서 책임을 다하는 것이 중요하다."

박민규의 『삼미 슈퍼 스타즈의 마지막 팬클럽』이란 소설에 나오는 대목이다(P. 244).

야구로 비유하면, 나는 날아드는 모든 공을 움켜 잡으려고 했던 것 같다. 품목, 바이어, 직원 관리. 도저히 잡을 수 없는 홈런도 펜스에 몸을 부딪치더라도 무작정 공을 보고 뛰어갔다. 그리고 다시 번트 친 공을 잡기 위해 홈으로 몸을 날렸다. 열심히 하면 뭔가 될 것 같았다.

이제 말하고 싶다. 모든 공을 다 잡을 수 없다. 그리고 이제 알았다. 내가 서 있는 곳은 메이저 리그가 아니었다. 대단한 착각을 하고 있었다. 지금까지 메이저 리그의 연봉과 그들의 퍼포먼스가 나의 의사 결정과 행동의 중요한 기준이었다.

그렇게까지 안 해도 된다. 공 한두 개 놓쳐도 된다. 아니, 한두 개만 잡아도 된다. 잡을 수 있는 것에만 집중하면 된다. 우리의 퍼포먼스 판단 기준은 다름 아닌 우리들이 결정하는 것이다. 세상 눈치 볼 필요 없다. 그러면 부족하던 시간이 늘어나고 여유가 생긴다. 삶에도 적당한 평화가 찾아온다.

『블랙 스완』의 저자 나심 니콜라스 탈레브의 글로 작은 회사 사장의 이야기를 다룬 이 책을 마무리하려 한다. 탈레브가 맨해튼에서 직장 생활을 할 때, 지하철 시간을 맞춰 허둥거릴 때 느낀 생각이다.

"운명을 무시하라. 그 이후 나는 시간표에 맞춰 살겠다고 달음박질하지 않으려 애썼다. 친구의 충고는 사소한 것이지만 내 마음속에 자리 잡았다. 떠나는 기차를 쫓아가지 않게 되면서, 나는 우아하고 미학적인 행동의 진정한 가치를 깨달았고, 자신의 시간표와 자기 인생의 주인 됨의 의미를 느낄 수 있었다. 놓친 기차가 아쉬운 것은 애써 쫓아가려 했기 때문인 것이다. 마찬가지로 남들이 생각하는 방식의 성공을 이루지 못한다고 고통스러워하는 것은 남들의 생각을 추종했기 때문이다.

그러므로 선택할 수만 있다면 경쟁의 질서 바깥이 아니라 그 위에 서도록 하라. 자신이 설계한 게임에서는 쉽게 패배자가 되지 않는 법이다."*

* 『블랙 스완』, 나심 니콜라스 탈레브 지음, 동녘사이언스, PP. 462~463, 저자 일부 요약

에필로그

이 책의 원고를 코로나19 기간에 시작해 2년 반에 걸쳐서, 하루에 몇 문장씩 느리게 써 내려갔다. 하지만 자료를 확인하고 글을 쓰는 과정은 쉽지 않았다. 이런 질문을 받았다. "왜 글을 쓰셨죠? 책을 내는 목적이 무엇이죠?" 고상한 표현은 정직하지 못한 것 같아, 짧고 솔직하게 "잘난 척"이라고 대답했다.

그런데 책을 다 마무리하고 알게 되었다. 왜 책을 쓰게 되었는지. 난 절실히 어른스러워지고 싶었던 것 같다.

코로나19 기간 동안 출근하는 것도 꺼려질 정도로 힘든 일이 많았다. 매출 저조도 문제지만 진행된 오더들이 다양한 문제로 납기 지연 클레임, 품질 클레임을 맞았고, 해결하는 과정이 매우 답답했다. 그 과정에서 거래처들과의 충돌뿐 아니라 직원들에게도 목소리가 높아졌다. 열을 내고 내 자리에 돌아와 앉아 내가 쓴 원고를 찾아서 읽고 마음을 진정시켰다. 부끄러운 이야기지만 이 책의 내용들은 내 몸에 체화되지 않은 것들이 매우 많음을 밝혀야 할 것 같다. 단순히 머리에서만 맴돌다 글로 기록된 것들이 많다. 어제 저녁 산책하면서 얼굴이 순간 화끈거렸다.

나는 여전히 그 모습이었다. 머리에서 나오는 말과 글은 현자를 흉내 냈지만 아직도 누구를 탓하고, 약간의 손실에 온갖 호들갑을 떨었다. 서점에는 물적 성공을 위한 수많은 경제서, 자기 계발서가 넘치는 한편, 맞은편에는 성공에 대한 집착을 분해시키려는 인문학, 산문집 또한 산더미같이 쌓여 있다. 우리의 삶이 흔들리는 것은 당연하다.

성공을 해야만 하는 사장의 이야기로 이 책을 시작하고 마무리했지만, 우리 모두는 원했던 성공을 쉽게 얻지 못한다. 숨가쁜 순간들, 조용할 날이 없는 사무실, 하루하루 치열하게 살면서 생기는 주변과의 불편함을 통해서만 한 걸음씩 원하는 방향으로 나아간다.

"남들 인생과 비즈니스는 술술 풀리는 것 같은데, 왜 나만 이렇게 힘들지"란 탄식이 나올 때 이 책이 도움이 되었으면 한다.

진정한 부자는 자유로운 사람일 것이다. 그런 면에서 자신의 시간을 자신의 의지대로 쓰고, 자신이 좋아하는 사람을 자신이 선택해서 일을 할 수 있는 사장은 진정한 부자와 이미 많이 닮아 있다.

사장, 해볼 만하다.

부록

1. 중국 국영 투자신탁회사 CITIC은행

CITIC은행(중신은행, China International Trust and Investment Corp)
은 중국에 사는 한국인에게조차 익숙하지 않는 은행이다. 이 은행은
1978년 덩샤오핑이 롱이런榮毅仁를 시켜서 만든 대외 개방 창고 역할을
하는 국영 투자신탁회사이다. 이 은행을 통해 공산당은 중국 국영 대기
업을 실질적으로 관리 감독하고 있다. 증권, 부동산, 자원, 에너지 등 사
업 분야도 다양하다. 국가 단위의 거대 투자 사업은 그들의 손을 거쳐 진
행되는 것이 많다.

롱이런榮毅仁. 1916년생이고 2005년 죽었다. '붉은 자본가'라고 하면
보통 그를 말하는 것이다. 강소성 우시wuxi 출신인 그의 집안은 상하이에
서 섬유업(면방·면직물 산업)과 제분 사업을 통해 거대한 부를 일군 자
본가 집안이다. 장제스가 내전에 패하고 본토에서 대만으로 쫓겨갈 때,
그는 다른 자본가와 달리 상하이에 남아서 공산당에 협조를 한다.

당시 상하이의 많은 사업가, 금융가들은 장제스를 따라가지 않고 홍
콩으로 탈출한다. 왜냐하면 국민당의 잘못된 화폐 정책으로 하이퍼 인
플레이션이 발생했고, 이로 인해 모두 큰 손실을 입었기 때문이다.

중국 자본가에게 국민당 정권은 부패하고 무능한 권력이었다. 특히

두려운 것은 장제스 휘하 우파들의 백색 테러였다. 이런 테러는 장제스의 친위 조직인 남의사蓝衣社; blue shirts society에 의해 주도적으로 이루어졌다. 이들은 우리나라 상하이 임시 정부와도 연관이 있다.

롱이런은 공산당 통치에 자신의 부를 아낌없이 투자한다. 특히 한국전쟁 때 군복을 공급하면서 공산당에 자신의 충성을 다시 확인시킨다. 그에게는 외아들이 있었다. 이름은 롱즈젠荣智健(1942년생, 2007년까지만 해도 중국 부호 1위였다. 하지만 2008년 금융 위기 때 파생 상품 투자 실패로 CITIC PACIFIC에서 물러나 칩거 중이다). 이런 충성심 때문인지 문화혁명 때도 마오쩌둥과 저우언라이周恩來의 보호로 무사히 살아남을 수 있었다. 그리고 문화혁명이 끝난 후 아들 롱즈젠을 홍콩으로 보낸다. 오래전 홍콩에 빼돌린 돈으로 롱즈젠은 홍콩에서 사업을 시작한다. 이때 이미 자리 잡은 롱 씨 일가와 상하이의 오랜 친구들이 아들 롱즈젠의 사업을 도와준다.

롱이런은 덩샤오핑 집권 후 복권되었고 자신이 만든 CITIC의 홍콩 분사를 아들에게 맡긴다. 서구 자본이 본토에 투자하는 것 그리고 베이징 정부가 홍콩의 기업을 장악하는 과정은 모두 홍콩 CITIC을 통해서 이루어진다. 이를 통해 롱 씨 일가는 거대한 부를 축적한다.

아시아 최대 금융 허브 상하이 푸동은 갑자기 생긴 것이 아니다. 1940년까지 와이탄의 대리석 건물에서 금융과 무역을 통해서 자본을 형성한 상하이 보이Shanghai Boys들의 아들, 손자들이 홍콩을 거쳐 다시 상하이로 회귀한 것이다. 마치 연어처럼. 그들은 와이탄을 마주 보는 강 건너, 푸동에 엄청난 건물 숲을 만들고 새로운 시대를 열고 있다. 중국에는 수많은 롱 씨와 유사한 가문이 있다.

롱이런은 장쩌민 시절에 국가 부주석까지 지내고, 말년까지 부귀영화
를 누리고 죽었다.

2. MMF와 REPO에 대하여

서강대 김종철 교수는 『금융과 회사의 본질』(개마고원)에서 2008년 금
융 위기의 실질 원인은 서브프라임 모기지가 아닌 MMF와 REPO로 설
명하고 있다.

MMF를 설명하기 전에 스테이블 코인을 살펴보자. 그러면 MMF의
특성이 쉽게 이해가 된다. 2022년 5월 98%가 급락해서 망한 한국계 코
인 테라, 루나에 관한 뉴스는 들었을 것이다. 테라는 스테이블 코인 중
하나이다. 스테이블 코인은 테라 외에도 테더thether/USDT, 트루TUSD 등
이 있다. 가격 변동 폭이 큰 비트코인과 달리, 스테이블 코인은 1코인을
1미국 달러에 고정시킨다. 1코인 가격이 1달러에서 내려가는 것도 올라
가는 것도 스테이블 코인에는 좋지 않다. 1달러 1코인 균형이 깨지면 코
인의 신뢰성은 깨지고, 뱅크런이 발생하게 된다. 한국 코인 테라도 그래
서 망했다.

MMF도 스테이블 코인과 같은 구조로 되어 있다. MMF는 주식회사
의 형태이다. 한 주SHARE당 USD 1.00에 맞춰져 있다. 초장기 MMF의
수익은 안전 자산인 미국채 위주 투자를 통해 얻는다. 고객 입장에서는
언제나 돈을 찾을 수 있고, 시중 은행보다 더 많은 금리를 제공하므로 상
당히 안전하고 유리한 단기 금융 상품이다.

미국의 기업, 개인들은 큰돈이 생기면 은행에 예금하지 않는다. 대부
분 MMF를 이용한다. 심지어 은행에서도 MMF를 추천한다. 왜냐하면
대공황 이후 미국 정부는 상업 은행들로 하여금 예금(요구불)에는 이자

를 거의 주지 못하도록 규정했다(이를 regulation Q라고 한다). 대공황 전 상업 은행들의 치열한 예금 수신 경쟁은 이자를 높였고, 그 결과 은행이 부실해졌다. 이것이 공황의 주된 원인으로 미국 정부는 판단했다.

미국 내 MMF는 2008년 4조 달러(4,200~4,300조/환율 1,200~1,300 기준)까지 갔다가 금융 위기 후 많이 줄었으며 2021년에 다시 4조 달러까지 증가했다. 이 돈은 단기 자금의 주요한 공급원이다. 2007년 전부터 MMF는 국채 외에도 모기지 채권, 유럽은행의 CD 등에 투자했고, 모기지 채권 위험도가 높아지면서 MMF가 이들을 투매하자 손실이 발생한다. 그 결과, 2008년 9월 16일 MMF 중의 하나인 리저브 프라이머리 펀드가 1주당 1달러 약속을 깨고 주식 가격을 97센트로 공표하자 396억 달러 규모의 주식 태환 요구가 발생한다. 이것이 2008년 금융 위기의 시작이다.

MMF 뱅크런으로 단기 자금 시장에 생긴 신용 경색으로 인해 레포 REPO 시장의 과다한 레버리지(25배)로 위험에 노출된 리먼 브라더스가 파산하게 된다.

레포는 환매 조건부 채권Repurchase agreement을 말한다. 금융 기관이 일정 기간 후 다시 사는 조건으로 채권을 팔고 경과 기간에 따라 소정의 이자를 붙여 되사는 채권이다. 쉽게 풀어보면, 내게 아파트 한 채가 있는데 당장 현금이 필요하다. 그래서 아파트를 담보로 새마을금고에 돈을 빌린다. 1년 기간으로 계약을 한다면 1년 뒤에 나는 이자를 포함해 원금을 돌려주고 그 담보물 찾아오면 된다(실제는 담보물 설정 계약이 없어진다). 구조는 비슷하다. 다만 몇 가지 차이점이 있다.

첫째, 레포의 담보물은 국채 혹은 증권화된 금융 상품 같은 유가 증권이어야 한다.

둘째, 레포 거래는 매매 거래이다. 위 아파트의 경우, 내가 빌린 돈을 갚지 못한 채 만기가 지난 후에야 새마을금고는 가압류 및 경매 조치 등 재산권 행사를 할 수 있다. 그 전까지는 아파트는 당연히 채무자, 즉 나의 재산이다.

하지만 레포 거래에서는 계약이 됨과 동시에 채권자에게 유가 증권 재산권이 양도가 된다. 만기가 되기 전에 채권자는 그 유가 증권을 처리해도 된다. 다만 만기일에 동일 가격대의 다른 유가 증권을 돌려주면 된다. 이해를 돕기 위해서 위에서 언급한 아파트로 다시 설명하면, 레포의 경우에는 내가 담보로 설정한 아파트를 새마을금고가 만기 전에 좋은 가격으로 팔아버릴 수 있다. 그리고 만기일에 옆 동네 아파트(동일 가격)를 나에게 돌려준다고 보면 된다. 어째 되었든 나는 빌렸던 원금과 이자를 새마을금고에 돌려준다.

왜 이런 거래를 할까? 돈이 돈을 벌 수 있기 때문이다. 홍길동이 1년 만기 미국 국채 금리 4%, 1억 원이 있다고 하면 1년 기다려 만기일에 지정된 이자 4%(400만 원)을 벌 수 있다. 그런데 레포 시장에서는 자기 자본의 20배, 30배 레버리지를 만들어낼 수 있다. 내가 가진 1억 원을 레포 시장에서 넘기고, 현금을 받아 온다. 그 현금으로 또 다른 유가 증권을 사고, 다시 레포 시장에서 계약 판매, 그리고 다시 현금으로 투자한다.

레포 시장 금리가 3%라고 하면 1억×(국채 금리 4% - 레포 금리 3%)×25배 = 2,500만 원

25배의 레버리지를 일으키면 동일한 1억 원을 가지고 1년 뒤 2,500만 원을 벌어 25% 수익률을 올리는 것이 가능했다. 이것이 2007년 리먼 브

라더스가 돈을 벌었던 방식이다.

왜 미 연방준비제도(연준)는 MMF를 그렇게 중요하게 생각할까? MMF는 일반 은행이 아니지만 연준이 금융 위기 시 직접 MMF의 자산 3조 4,500억 달러에 대한 임시 예금 보험까지 제공을 했다. 더욱이 지금 MMF는 연준 구좌를 통해서 연준과 직접 레포와 역레포 거래로 단기 유동성을 조절한다.

그건 MMF가 금융가들이 아주 선호하는 금융 상품이며, 제도이기 때문이다. 일단 은행 형태가 아니므로 바젤 협약 등의 규제를 직접적으로 받지 않는다. 그리고 MMF가 주식회사 형태이므로 혹 문제가 생겨도 유한 책임만 부담하면 된다. 또 MMF는 일반 은행처럼 신용 창조도 가능하다. 은행 같지만 은행 같지 않은 MMF를 월가에서는 절대 필요로 한다. 그렇기에 당연히 미 연준이 중요하게 관리하며 챙겨야 한다.

3. 사업가가 알아야 하는 역사 지식, 아날학파

아날학파는 프랑스의 뤼시앵 페브르와 마르크 블로크가 1929년 창간한 역사 잡지〈사회 경제사 연보Annales d'histoire economique et sociale〉를 중심으로 모인 역사학자 집단을 말한다. '아날학파'라는 명칭은 연보라는 뜻의 아날annales에서 비롯되었다. 19세기 독일의 랑케Ranke(1795~1886)로부터 시작된 '정치, 지도자(개인), 연대' 중시의 근대 전통 사학이 사실주의를 토대로 지나치게 사료에만 집착하는 것을 비판하며 등장한 아날학파는 인간의 삶에 관한 모든 학문 분야를 통합해 생활사 중심으로 역사를 기술하며 1970년대 이후 세계 역사학계의 주류로 자리 잡았다.

〈사회 경제사 연보〉의 편집인이자 2세대 아날학파를 진두지휘하며 역사학계의 교황으로 불리는 페르낭 브로델Fernand Braudel은 역사를 삼차

원 입체적 공간에서 설명을 했다. 참고로 우리가 학교에서 배운 것은 연대기적 인물사, 사건사 위주 역사이다.

브로델에 의하면, 역사라는 큰 강물은 세 가지의 흐름으로 나누어볼 수 있다. 가장 하류의 흐름은 '장기 지속'이라고 불리는데, 오래되었고 천천히 흘러가며 우리의 무의식과도 깊이 관여되어 있다.

예를 들어서 인류는 문명권에 따라 주식이 되는 곡물을 재배해 왔는데 한반도에서는 쌀이다. 한국인은 주식인 쌀을 얻기 적합한 시스템을 만들어 노동해 왔고, 그 역사는 수백 년, 수천 년에 걸쳐 큰 변화 없이 장기 지속된다.[*]

우리가 흔히 접하는 사건과 인물 위주 역사는 가장 상류에 있으며, 장기 지속에 대비되는 단기 지속적인 역사라고 할 수 있다. 하나의 사건과 인물에 집중되다 보니 시간적으로 몇 년에서 길어야 몇십 년이다.

그리고 중간 부분, 국면(conjoncture; 콩종튀루)이라는 중기 지속적인 역사가 있다. 국면이란 임계점을 넘는 과정이다. 임계점은 모래를 위에서 붓다 보면 서서히 쌓이다가 언젠가 무너지는데, 그 무너지는 순간의 전후 과정이라고 볼 수 있다. 자본주의 사회에서 거품이 붕괴되는 과정과 비슷하다.

연세대 김호기 교수는 세월호 사건을 브로델의 시각으로 해석한 바 있다. 청진해운과 정부의 적절하지 못한 위기 대응이 결국 대형 참사로 이어진 사건을 단기 지속 사건사로 본다면, 국면사에 해당하는 것은 비정규직 문제와 규제 완화란 신자유주의 경제 정책들이다. 그리고 장기

---

[*] 『물질문명과 자본주의 읽기』, 페르랑 브로델 지음, 갈라파고스, P. 21

지속(구조사적 시간)으로는 개발 독재 이후 한국의 성장지상주의로 설명한다.[*]

흐르는 강물 맨 위부터 아래까지 세 가지 물살의 역사 흐름 속에서 인간은 살아간다. 우리는 겹겹이 포개져 있는 다중적이고 중층적인 시간대에 걸쳐 살고 있다.

인간의 경제적인 삶도 세 가지로 나눈다. 맨 아래에는 가장 범위가 큰 물질 문명, 그다음에는 시장 경제 그리고 제일 위에 자본주의가 있는 피라미드 형태이다. 가장 큰 바탕을 이루는 물질 문명은 인간이 살아나가는 모든 것으로 이해하면 된다. 그 위의 시장 경제는 관심 있고 체력이 된다면 모두 참가 가능한 조기 축구 같은 모임에 비유할 수 있다. 그리고 가장 상위에 있는 자본주의에는 올림픽처럼 선발된 국가 대표급 선수만 참가 가능하다.

브로델의 자본주의는 시장 경제와는 완전히 다른 급이다. 전 세계 자본주의를 이끌고 가는 월가의 금융 회사들, 전 세계 석유와 원자재 공급을 움켜쥐고 있는 메이저 석유 및 자원 회사들, 세계 곡물의 80%를 취급하는 미국의 4대 메이저 곡물 회사들이 움직이는 공간이 자본주의라고 보면 된다. 일반인들은 자본주의와 직접적인 연결 고리가 없다. 뉴스를 통해서만 가끔 접한다. 우리가 서 있는 곳은 자본주의가 아니라 시장 경제이다.

시장 경제는 코 묻은 돈도 모두 포함하는 포괄적인 개념이지만 자본주의는 큰돈이 오가는 것으로 구분한다. 브로델의 자본주의는 영화 〈타

* 출처: 〈주간 경향〉(2014년 5월 26일) '국가와 개인 이중 혁신이 필요하다', 김호기 교수 기고

짜)의 마지막 판처럼, 진짜 선수들만 참가한다. 어지간한 자본을 가지고는 문전박대 당한다. 일반인들은 그 판에서 선수들이 주고받는 말조차 알아들을 수도 없다.

자본주의는 기본적으로 독점을 근거로 성장한다. 그래서 누구와도 정보를 공유하지 않는다. 현대 자본주의는 르네상스 시대와 달리 경쟁적이라 말하는 사람도 있을 수 있다. 당시 첨단 금융 기법이던 환어음을 요즘에는 무역업을 하는 일반인들조차 이해할 수 있으니 그런 착각을 할 수도 있다. 하지만 브로델은 말한다. 전 세계 은행을 좌지우지하는 스위스 바젤의 국제결제은행에서 진행되는 극비에 가까운 결정들을 인터넷에 전문을 올린다고 한들 누가 이해를 하겠는가?

이런 독점의 특성 외에 최상위 자본가는 브로델이 보기에는 전문가와 분업에서 벗어나 있다. 일반인들은 자기 사업 영역, 전문 분야가 있지만 최상위 자본가는 사업 영역이란 게 따로 존재하지 않는다.

그들은 선주였고, 보험업자, 대부업자, 농장 경영주이기도 했다. 토지에도 투자했고, 선대제를 통해 가내 수공업을 통제하기도 했다. 그나마 전문화된 것은 금융이다. 즉, 자본주의의 진짜 주인들은 손을 뻗어 할 수 있는 거래는 모두 해왔다.

아날학파는 우리에게 역사를 보는 새로운 관점도 제시하고, 자본주의 핵심 세력에 대한 존재를 학문 차원에서 설명해 준다.

모험하는 인간
나는 작은 회사 사장입니다

초판 1쇄 발행 2024년 2월 13일
지은이 강덕호
펴낸이 안지선

편집 신정진
디자인 다미엘
마케팅 타인의취향 김경민, 김나영, 윤여준, 이선
제작처 상식문화

펴낸곳 (주)몽스북
출판등록 2018년 10월 22일 제2018-000212호
주소 서울시 강남구 학동로4길15 724
이메일 monsbook33@gmail.com

ISBN 979-11-91401-80-6 03320

mons
(주)몽스북은 생활 철학, 미식, 환경, 디자인, 리빙 등 일상의 의미와
라이프스타일의 가치를 담은 창작물을 소개합니다.